汪荣祖 主编

清帝国性质的再商榷

回应"新清史"

中华书局

图书在版编目（CIP）数据

清帝国性质的再商榷：回应"新清史"/汪荣祖主编. —北京：
中华书局,2020.10
ISBN 978-7-101-14716-2

Ⅰ.清… Ⅱ.汪… Ⅲ.中国历史–研究–清代 Ⅳ.K249.07

中国版本图书馆 CIP 数据核字（2020）第 157946 号

书　　名	清帝国性质的再商榷——回应"新清史"
主　　编	汪荣祖
责任编辑	高　天
出版发行	中华书局
	（北京市丰台区太平桥西里 38 号　100073）
	http://www.zhbc.com.cn
	E-mail:zhbc@zhbc.com.cn
印　　刷	北京瑞古冠中印刷厂
版　　次	2020 年 10 月北京第 1 版
	2020 年 10 月北京第 1 次印刷
规　　格	开本/920×1250 毫米　1/32
	印张 7　插页 2　字数 170 千字
印　　数	1-5000 册
国际书号	ISBN 978-7-101-14716-2
定　　价	36.00 元

目　次

导　论

　　秦始皇废封建、设郡县，创建了大一统的中央集权政体。秦祚虽短，然秦制绵延悠长，中华帝国自秦至清延续了两千余年，朝代虽屡变，而政体少异，虽时而分裂，终归于一统。事实上，中华专制政体愈演愈烈，至明、清两代而极盛。大清为中华帝国史上不可分割的朝代，何从质疑？然而近年来流行于美国的所谓"新清史"，否认大清为中国的朝代，否认满族汉化之事实，而认为满人有其民族国家之认同，清帝国乃中亚帝国而非中华帝国，中国不过是清帝国的一部分而已，而最颠倒之论，莫过于指责清朝为中国朝代之说乃现代中国民族主义之产物。就此而论，将汉化与现代民族主义联结在一起，岂不就是"新清史"的建构？难道魏文帝汉化的事实也是现代民族主义的建构？若此说能够成立，不啻是对中国历史的大翻案。翻案或有助于历史真相之发掘，然能否成立主要有赖于新史料的出土，或新理论的出台。"新清史"虽强调新史料，然无非是满文旧档；满档既非新出，也不足以支撑翻案。至于理论，无论"欧亚大陆相似论"或"阿尔泰学派"之说，皆属一偏之见，也难以支撑翻案。历史学者如果不愿意盲从新说，则必须有所回应，表达不同的意见。

台湾的"中央大学"人文研究中心于 2012 年之秋，约集了两岸清史学者十余人，就清帝国性质议题举行了研讨会，并发表专题论文。本书八篇文章从不同角度讨论清帝国的性质，都曾在研讨会上提出讨论，经会后修订而成。我们不仅要回应"新清史"的论述，更愿意引发对此议题更普遍、更深入的研讨。本书应可供众多读者参考。

拙撰《以公心评"新清史"》，先列举"新清史"论述的要点，接着从何炳棣教授的维护汉化论说起，指出何教授的反驳及其对汉化所做的四点结论，皆有据有理。他深信汉化在中国历史上有其至高无上的重要性，然而他的强烈回应并未得到挑战者应有的答复。既然依何教授所说，中国原是一多民族的国家，所谓汉化实际上是以多数汉族与统称为胡人的少数民族的融合过程，不仅仅是胡人汉化，也有汉人胡化。汉民族在历史过程中，不断吸纳非汉族文化与血缘，而形成中华民族，所以章太炎称中华民族为一"历史民族"，即指经由历史过程而形成者。清朝是中国历史上由胡人建立的诸多政权之一，却是最成功的朝代，殊不能自外于中国。然则汉人已不能等同中国人，中华民族亦非仅汉族；所谓"汉化"，实际上是"中国化"，中国是统一之称，而"汉"乃对称。

满族入主中原后所缔造的中亚帝国乃中原之延伸，中原与中亚既非对等的实体，也非可以分隔的两区，更不能与近代西方帝国由母国向外拓张与殖民相提并论。建都于北京的清帝莫不以合法的中国君主自居，政权亦非仅在满人之手，统治者与被统治者也不能由族性来划分，然则"新清史"的"族性主权"（ethnic　sovereignty）论述，也难以成立。最根本的问题是，我们不能把族性认同与国家认同混为一谈。被认为是维持满洲族性认同与大清统治的八旗制度，其实此制包含的属人不仅仅是满人，也包括其他族群，只认同旗主，并不认同族群，是一种君臣之间的封建关系。然而当清朝成为大一统的帝国之后，八旗制就难以适应，主要是因为皇权至上，不再允许认同旗主。至雍正朝更明显要清除"各旗主属的名分"。不是有意要违背祖训，无奈八旗共治、八王议政与推选制度都不合中央集权体制，还是需要中华帝制与儒教名分来稳固现状。在此现状之下，无论满、汉，或其他少数族群，所认同的就是承袭中华帝制的大清国，而不是各个族群。各族群自有其族性认同，与国家认同并不是二选一的习题，所以，包括八旗制度在内的所谓"满族特色"也不至于改变中央集权的本质。乾隆皇帝自称是中国正统之继承者，并强调大一统政权就是"为中华之主"，也就不足为异了。就国家认同而言，在清朝存在时，各族认同朝廷；民国成立之后，则认同以五族为主的共和国。中华民族名词虽新，然其形成实来自九千年的交融史，具有多元性格，多元王朝绝非仅自满族建立的清朝始。所以拙文的结论是，清帝国乃中华帝国之延续，应毋庸置疑。

中国人民大学清史研究所的杨念群教授提交了《"新清史"与南北文化观》一文，从地理文化观点来评论"新清史""以满洲为中心再度定义中国"的史观。"新清史"此一论述基本上以东北到内亚为主轴，以挑战从江南到北方为基线的、以儒家思想为皇朝统治核心的论述。以东北到内亚为主轴之说，强调大清国土的扩张来自长城以外，统一中国则由于"满蒙同盟"起了关键作用。杨教授指出，我们不能"混淆领土拓展与政治治理之间的区别"。换言之，领土的拓展若无统治能力，仍然无济于事，清帝国延续近三百年的统治如果没有"南北主轴"的支撑，岂能想象？更何况按照何炳棣教授所说，大清能够向西拓展实亦有赖于中原的实力。杨教授指出，"满蒙同盟"只能说是关键之一，当然不能视为"清朝统治的唯一基础"。众所周知，汉人降将如吴三桂、洪承畴等对清统一中国，难道不够关键吗？晚清曾、李、左平定太平天国，难道不是清朝统治的基石吗？

"新清史"的论述刻意要贬低儒家礼仪作为清帝统治最重要的手段，但杨教授指出：与儒家礼仪相比，如萨满教和藏传佛教所能起的作用，完全无法发挥与儒教同样的功能，甚且萨满教礼仪不断在衰落与消失之中。相反的，清帝采用汉家祭典仪式却愈来愈频繁。杨教授希望能够结合"东北/内亚"与"南/北"双重历史视野，以达到"合璧的解释效果"。

杨教授也不能苟同"汉化论"是近代中国民族主义的"建构"。清朝固然不是近代民族国家，但"汉化论"却不是后起的。杨教授也指出，满人特性在近代以来的快速消失，正好反证了"汉化并非完全是一种话语建构"。"新清史"把清朝从中国历代王朝中区分出来，说是大清帝国不能等同中国，中国只是清帝国的一个组成部分。杨教授认为这是一种非常极端的说法，不免又以"东北/内亚"史观来否定"南/北"史观。同一史观又挑战将西北边疆视为中原与江南边缘地带的论述，认为清朝的统治根基实以控制西北为主轴，以蒙古、西藏、东北、新疆为核心，中原只是其中的一部分而已。杨教授认为这种史观不仅忽视了清朝无论在价值观上或正统构建上与前朝的承续关系，而且也无视以中原/江南为中心的统治策略，"颇有悖于历史解释的完整性"。从乾隆明示清朝应延续宋、元、明正统，而不是与辽、金衔接，更可以为证。

　　杨教授认为"东北/内亚"文化观崇尚大一统，与强调正统的"中原/江南"文化观，一直存在着紧张关系。事实上，正统观若能破除夷夏之分，反而有助于大一统之治，雍正、乾隆两帝崇尚儒家正统，亟言无分满汉，即此用意。诚如杨教授所言，直到清末，革命党为了推翻清政府，喊出"驱除鞑虏"的口号，不惜针对满族发动"种族革命"，无意中自限于"中原/江南"的建国模式。但是当尘埃落定，革命党人还是主张五族共和，并不愿意放弃东北/内亚的疆域。杨教授提到，有学者发现经过清帝逊位的仪式和逊位诏书的颁布，才使民国正式继承了清朝的大一统的疆域。此一发现，很有意思，至少民国继承清朝在法理上有所依据；不过，历史经验显示，能否有效继承还得依靠国力。

　　吴启讷博士是中研院近代史研究所助研究员，专治边疆史有成，他提交了《清朝的战略防卫有异于近代帝国的殖民扩张》一文，从题目可知，作者要说明的是，清帝国的西进与近代西方的殖民扩张，在性质上并不相同。他特别要说明这一点，因为近年出版有关中国的英文著作中，提出所谓"欧亚大陆相似论"（Eurasian Similarity Thesis）和"阿尔泰学派"（Altaic School）。前者主张在18世纪之前，清帝国像俄罗斯帝国一样是近代扩张帝国，瓜分了中亚；而后者则强调清帝国在蒙古、新疆和西藏实施的殖民主义，与其他殖民帝国面临同样的问题。

这两种理论殊途同归于清帝国乃属欧亚帝国，而非中华帝国的挂论。吴博士特别提到美国学者濮德培(Peter Perdue)的近著《中国西进：大清征服中亚记》(*China Marches West：The Qing Conquest of Central Eurasia*)，将清朝征服准噶尔，置伊犁将军府，使新疆、蒙古、西藏均收入版图，等同17世纪以来欧洲帝国主义的殖民地拓展。濮氏将清帝国抬高到欧洲列强的层次之余，无非旨在批判以汉文化为中心的历史书写，批评将现代中国视为清帝国的当然继承者乃昧于清帝国的殖民扩张史之论。吴博士不同意此说，指出包括俄国人在内的西方学者，昧于东亚政治秩序以及经济上的依赖，所以不能了解清朝与蒙古之间的"密切"关系，以至于认为清朝既然与俄国一样征服中亚的其他独立政权，如何亲善？故认为是一种自相矛盾的行为。更重要的是，俄国在中亚并无安全顾虑，而清朝则有之。准噶尔汗国不仅与俄国联盟，而且攻打喀尔喀蒙古、介入达赖喇嘛的转世，严重挑战清帝国的安全与在西藏的合法地位。

清帝国的扩张与统治与近代资本主义帝国的殖民扩张，差异在哪里呢？吴博士指出，西方列强以武力夺取殖民地，任命总督，掠取殖民地的原料、劳力与市场，并灌输其宗教与文化价值，且有意压制自主意识。而清朝扩张后的统治，仅求纳贡与形式上的臣服，不作直接统治，与俄国在中亚侵占和掠夺，差异极大。最大的差异是，即使伊犁将军府设立后，清朝在新疆以屯田的方式自筹军需，不仅未曾从新疆榨取任何经济利益，而且还动员各省补贴新疆财政与军需，最主要的资助来自所谓"协饷"。吴博士告诉我们，在新疆设立的伊犁将军府实际上具有相当意义的自治。而这种制度并非清朝的创建，直可追溯到汉唐帝国。如乾隆帝所说，军府制作为军政合一的行政管理体制，乃是参酌前代治边得失与本朝惯例而制定的。清朝在边疆也很能因地制宜，建立起不同的民族管理系统，避免直接统治，更不干预当地人的社会与文化生活。这显然与西方或俄国殖民统治是决然异趣的，所以西方学者视军府与屯田为军事殖民，是不求甚解的错误判断。吴博士也告诉我们，清帝国在蒙古与西藏地区仅有象征性的驻军；在新疆的驻军也不以高压统治为后盾。因为清帝国的战略目标，依然承袭两千年来中原王朝的传统，以保障农业地区的安全为主，仍不脱传统中国的保守与防御性质。吴博士充沛的边疆史知识有力地驳斥了"新清史"切割中亚与中原之论。

　　更值得注意的是，如吴博士所说清朝征服准噶尔后，新疆沿边以及中亚等部曾相继上表清廷，要求内附，但乾隆皇帝拒绝了这些政权的要求，而是将之视同与朝鲜、安南一样的"宗藩"关系，实行传统中国的羁縻政策，除名义上的加封外，不设官置守，也不干涉内部事务，更不介入各部之间的纷争。清帝国但求中亚各藩部"能约束所部，永守边界，不生事端"。当18世纪俄国势力进入中亚地区，清廷也置之不理，甚至自愿将哈萨克和布鲁特划出界外。到了19世纪，清朝在沿边设置的卡伦和巡查路线，一再向后退缩，以至于国土沦丧。如此保守的防御心态，如何可能与西方或俄国那种无限度追求民族国家利益的殖民政策相提并论呢？

　　吴博士的结论是，满人入关后定都北京，就命定成为中国的朝代，清帝一心要当中国的合法皇帝，所制定的边疆政策也承袭前朝，参照汉唐帝国间接统治西域的模式，根本无法如

"阿尔泰学派"所说,保持"满洲特色"。这不仅仅是清朝的边疆政策,20世纪的中国领导人如蒋介石、毛泽东,在处理边疆事务上,同样缺乏近代殖民主义的意识。现代中国作为一多民族的国家,仍然延续了传统帝国的意识,使立足于西方历史经验的苏联、俄罗斯和当代欧美学界难以理解。吴博士同时对"阿尔泰学派"与"欧亚大陆相似论"因现代中国未能回到明朝版图而致憾,不得不怀疑这两派学者立论的政治动机。

执教于嘉义中正大学的甘德星教授是满文与清史专家,他提交了《康熙遗诏中所见大清皇帝的中国观》一文,以康熙皇帝为例,驳斥清皇帝不是中国皇帝的说法。他所用四份康熙遗诏,有汉文本,也有满文本,先鉴定版本,然后指出遗诏的重要性,可说是国家权力转移的关键文书。遗诏先写汉文,后写满文;但宣读遗诏时,则先宣满文,后宣汉文,显示满汉一体意识。从遗诏内容可知,康熙自称是中国皇帝,满文译本亦不作"汗"(xan),而作"皇帝"(xôwangdi),他是"中国至圣皇帝"或"统驭天下中国之主",他所统治的都是"中国之人"。甘教授指出遗诏正本没有蒙文本,使我们更能确定,清帝的重心在中原而不在内亚。清帝设立理藩院处理边疆事务,甘教授从满文、蒙文、藏文对译中发现都有"外"意,认为无疑视为边地,"宜乎汉文称之为藩也"。

甘教授进一步引用《康熙与罗马使节关系文书》与《尼布楚条约》满文本,来印证康熙遗诏所呈现的中国观,不仅康熙自称是中国至圣皇帝,俄国人也视大清为中国。更重要的是,康熙在遗诏中,自称继承明朝的中国正统,并以自黄帝以来三百一帝中,在位之久为荣。甘教授提醒我们,康熙在遗诏中一再引用汉典，将"清朝纳入中国王朝的历史系谱之内"，而没有引用辽金元史实，认为康熙"欲摆脱内陆欧亚之纠缠，至为明显"。同时可以证明，清朝在康熙时，汉化已深，"满汉已成一体，并同为中国之人"。这句话足证，在康熙大帝的心目中，中国此一概念一点也不含糊。甘教授的结论是，"新清史"所谓大清非中国之说，完全不能成立：大清即中国，其重心在关内汉地，康熙是以汉地为中心的中国之主，并非以中亚为轴心。康熙如此，之前的顺治与之后的雍正、乾隆诸帝，亦复如此。

执教于天津南开大学历史学院的崔岩博士研究乾隆诗多年，她提交了《从御制诗论乾隆帝的文化认同——兼谈清政权的汉化》一文，从乾隆一生所做的四万多首汉诗入手，探讨乾隆对汉文化的态度，以及汉文化对清帝与清帝国的影响。她指出，乾隆沉湎于汉诗，做了洋洋大观的汉诗，于18世纪国力鼎盛时期，诗作尤多。诗作如是之多，除了下笔快速、勤于写作之外，显然是这位清帝"爱好汉诗成癖"。崔博士因而认为，乾隆沉醉于吟咏，不能自拔，可见这位清帝涵泳中华歌诗之深，并借汉诗表达内心的感情，而他的诗情与中国传统诗人，如出一辙，完全认同。

崔博士熟读乾隆诗，深知御制诗虽非上品，然若无相当的汉学功力，根本无法做到。崔博士指出，乾隆帝从小受到当时硕儒的悉心教诲，早已打下汉学基础，不仅通晓中国学问，而且十分喜好。乾隆汉学有成不但自负，也得到诗人史家赵翼的赞赏。从诗中也可以看到，乾隆熟读儒家经典之余，颇能提出疑问，读《史记》《汉书》尤有心得，足见这位清帝读汉籍之勤，涉入之深，对汉文化理解达到能够做出审视和批评的高度。

崔博士从乾隆宣导文教的诗句中，明显看到对儒家伦理道德的重视，正可印证乾隆时代儒教的牢固与盛行。崔博士对乾隆本人深厚的儒家教育，也有详细的叙述，诸如受教的师承以及亲自著文阐述圣教，重视经筵，八次躬诣阙里，跪祭孔圣。孝为儒行之首，而乾隆最注意及之，以君主能保守光大祖宗基业为最大的孝行，他一心在意正统，不愿为辽金之续，情愿继宋明之统，讲究大一统也来自春秋大义，在日常生活中又伺候母亲至孝，均可见之于诗，莫不在说明乾隆帝确实以儒学为立国的根本。

崔博士并未忽略乾隆帝强调满洲传统，如衣冠、语言、姓氏、定期举行木兰秋狝、东巡谒祖等等；不过她认为，这些"新清史"所谓的"满洲特性"，无非在显示对族群的认同，既与国家认同并不冲突，更无阻挡汉化、不认同中华帝国之意。反而是满族特性在历史过程中，越来越汉化以至于逐渐消失。她说："纵览三百年清史，清廷始终自称中国，以合法的中国政权自居。"事实上，近三百年所缔造的中华盛世，绝无可能仅由满族的"家法""祖制""旧章"所能缔造。此一结论从不同的角度，有力地批驳了"新清史"所谓大清非中国之论。

台湾师范大学的叶高树教授提交了《清朝统治中国成功的代价——以八旗子弟的教育为例》一文，指出清朝以少数民族有效统治全中国长达二百六十八年（1644—1911），不得不称之为成功。叶教授无意卷入探讨成功原因的争议，而着眼于清朝成功统治中国所付出的代价。清入主中原之初，并未忽略保持满洲旧俗，谨守满、汉畛域，然终不免于"满人悉归化于汉俗，数百万之众金为变相之汉人"，固然由于习俗与语言的式微，更重要的还是思想、理念、想象、价值判断等意识的变化，所以叶教授此文从八旗子弟的教育入手。清朝自努尔哈齐、皇太极就已注意子弟的教育问题。入关后就设立八旗官学，同时也注意到皇族成员的教育问题。然而八旗子弟读书应举，导致荒疏骑射的后果；文武难以兼资，似乎受到自宋以来重文轻武的影响。叶教授指出，康熙中期已开始陆续设立以满文教育为主的各种八旗学校，各学校以清书、汉书、骑射为主，并兼习翻译，经过雍正、乾隆两朝的发展，满族子弟从皇族到兵丁，从京营到驻防，能够普遍在旗人兴办的学校里接受教育。但是虽有满文，而少满文经典，以至于八旗子弟的知识基础，仍然建立在汉文典籍的满文译本之上，与汉族传统的经、史教育并无不同，更何况自顺治以来一直"崇儒重道"，遵奉儒家经典。叶教授因而指出，八旗子弟读的虽然是满文，而内容却是四书五经等汉籍，不免经由八旗教育系统将汉文化直接输入八旗子弟心中，八旗教育实际上在形塑"汉族的思维模式与价值取向"。所以叶教授认为，八旗子弟读书愈多，儒家意识愈强，而与满洲"本习"相去日远。正合已故何炳棣教授所说：满文之推广实在推广了汉化。不过，叶教授以为此一结果有违八旗教育的初衷，因不符统治者令旗人保持"本习"的要求，满文与骑射虽未普遍消失，但足令旗人失去尚武、淳朴的"民族精神"，这也就是叶教授所说，"清朝统治中国成功所付出的代价"。此一代价岂非从另一个角度肯定了汉化，而且是相当彻底的汉化，以至于失去满洲的民族精神。

　　叶教授提出令人深思的问题，同时也启发了不少相关的疑问。如果说清帝"忽略"或"回避"了此一代价，因为"没有提供具有满洲特色的教材"；如果这些教材强调满族特性，讲求满、汉区隔，岂不教清帝自外于极大多数的汉人？太平天国动乱，

汉人将相又如何能助清政权平乱？至于说，旗人的尚武传统和
淳朴风俗之式微，关键是否在四书五经等儒家典籍？似乎也值
得思考。整个中国文化与西方文化相比，确实缺乏尚武精神，
雷海宗教授因而有中国是"无兵的文化"之说，然未必能尽归罪
于儒家典籍。乾隆皇帝本人受到深厚的儒家教育，似乎并未影
响到他的十全武功。然则，尊奉儒家经典未必是清帝在"施政
上的盲点"，尊君爱国、正人心、厚风俗、劝善惩恶的儒家教
条，可说是普世价值，既能"治汉"，当然也能"治满"。叶教授
提到，八旗教育"刻意添加儒家的成分，深化八旗子弟的尊君
亲上之心"，以达到"讲明义理，忠君亲上"的目的，是显而易
见的。为了成功付出的代价，有时乃不得不尔。

定宜庄教授是中国社会科学院历史研究所的研究员，她因访
问美国未能及时出席讨论会，但她仍然提交了以《晚清时期满族
的国家认同》为题的论文。定教授出身满族，虽已汉化，讲既标
准又雅致的汉语，但她毕竟是满裔，当"新清史"提出满族的国家
认同这个久被忽视的议题时，迫使她深入思考认同问题，既十分
自然，也完全可以理解。定教授认为满族的国家认同，牵涉到满
洲作为民族的认识，以及对中国这一概念的理解。她觉得无法在
一篇文章中讨论这两大议题，所以她的这篇文章聚焦于从晚清到
辛亥革命这段时间内，满族面对的重大变革与国家认同。

定教授所关切的国家与民族概念，其实并不难以厘清。梁
启超抱怨中国没有国名，只有朝名；其实他的西洋史知识显然
有限，在西方近代民族国家出现之前，也无国名，只有朝名，
如13世纪的卡佩王朝（Capetian Dynasty），俄国末代罗曼诺夫王
朝（Romanov Dynasty），或以君王为国名，所谓朕即国家，如查

理曼帝国、路易十四法国等，不可胜计。所以从秦到清的中华帝国，朝廷就是国家，大清就是国名。国家不是新名词，只是到了近代，国家有了新的含义，近代民族国家不再等同君王，也不再等同政府，政府仅仅是国家的代表。民族国家也未必是单一民族的国家，其实多半是多民族所组成的国家，如美国、俄国等，所以有学者建议用"国族"来取代"民族"。事实上，近现代许多国家都是由多民族所组成的"国族"。"中国"一词也不是晚清以后才建构出来的，可说古已有之，历代虽各有其朝名，但均自称中国，清帝亦然。正因为中国是泛称，其内涵随时代的变迁、疆域的大小、人口的多寡、文化的发展，有所不同，但总的来说，可说大同小异。清帝以朝廷为国家，但绝无可能视中国为朝廷。我们用现代的语境来议论清代的国家认同，必须看清今古之异，否则强古为今，必有偏差。

任何一个民族在他们居住的领土都享有建立独立国家的权利，拥有自己的政府治理这个国家，只是一种主张或理论，却难以实行，因为在同一国家的领土内往往居住着不同的民族。20世纪欧洲大陆许多国家的内乱与外患，多因民族问题而起。清季革命党人有鉴于清政府的腐败，丧权辱国，故欲推翻之。为了达此政治目的，不惜强调种姓革命为理据，以黄帝作为政治符号，以"驱逐鞑虏"为口号，以强烈的排满言论为革命宣传，未必对民族国家理论有所深解，而必须面对数千年来的中国一直是多民族国家的现实。建构大汉民族主义以便建立单一民族（汉族）的中国，只是纸上谈兵。相比之下，立宪派的"大民族主义"主张要现实得多。此一现实使民国肇建时付诸实施的不是大汉民国，而是五族共和的中华民国，以五色旗为国旗，革命党人包括孙中山在内也接受而无异议。其实今日之中华民族远远不止五族，一共有五十六族。当今的美、俄两大国也都是多民族国家，即使日本也有很少数的其他民族。因此，由不同民族共同组成一个"国族"（nation）早已是经过实践的普遍存在。今日之中国与清代的中国一样是多民族国家，只是国号与制度改了，疆域小了，人口多了。在一个多民族的国家中，多数民族自有其优势，但不可能完全同化少数民族，从同质化到同化是一漫长而自然的过程，不可能将同化作为加入国族的先决条件。满族的汉化也有很长的过程，至今并未丧失族性认同，但今日对中国的国家认同，应无问题；在清代满族认同朝廷更无问题，而朝廷认同中国也是事实。定教授提出的问题是，当清季革命党人不把满族当作中国人时，满族又如何认同中国？这确是一个值得深思的问题。

清季满族有多少人知道革命党人的宣传，又有多少人会认真回应带有强烈种族主义的言论，不无可疑。定教授"可以看到的相关史料很少"，也就不足为奇。她举出两个例子：清宗室盛昱的诗与满族留日学生的言论。她引录了盛昱的五古长诗，其中赫然有"起我黄帝胄，驱彼白种贱"之句。此句不可故意夸大，也不必刻意淡化。说他心甘情愿向汉人祖先认祖归宗，固然言过其实，也不必刻意说他如何对自己的民族深切感伤。我们必须认识到盛昱已是深度汉化的满人，对汉文化的深情不言可喻。诗无达诂，黄帝不一定是政治符号，也可作文化符号。我们甚至可将这句话解作"让我们唤起全国绝大多数的汉人，共同来驱逐侵略我们的白人贱种"，接着"大破旗汉界"才有着落。清季在中国大地上的有识之士，不论何种意识形态，经过自鸦片战争以来半个多世纪不断受到西方列强的屈辱，必有同仇敌忾之心，也就是盛昱所要表达的诗情。章太炎也是因为白人的欺凌而产生民族主义思想，至八国联军入侵，恨清廷不能抵御外侮，始割辫排满。观盛昱所写五古之功力，可知其汉化之深，他虽有少数民族统治者的血脉，却认同汉文化涵盖的中国，所以他认同的，毫无疑问包括满汉在内的中国。这首诗的前半段其实就在讲中国是多民族互动的国家，各族自应和谐一致对外。此诗题赠的廉惠卿，追溯廉家的渊源，原是元朝色目人的后裔，先祖廉希宪早已是彻底汉化之人。接着所谓"薄宦住京师，故国乔木恋"，不可能还在述先祖，而是回到以无锡为家的廉惠卿，所恋的故国应是江南故土，不可能是好几百年前祖先色目人的故国。诗人感伤的是江南廉家"万柳堂"的没落，"堂移柳尚存，憔悴草桥畔"。由廉家的兴衰引出最后一段"我朝"的内忧外患，但并未以极端的悲观情绪作结。

至于满洲留日学生在《大同报》上的言论，几乎与康有为等君主立宪、满汉一家的主张如出一辙。即使所谓较为尖锐的意见，如要把中国分离成单民族的国家，"外人不瓜分我，而我乃自为瓜分，且欲以瓜分召外人"，亦与康有为所揭革命可招瓜分之说无异。定教授指出《大同报》诸君实奉杨度为精神领袖，思过半矣。在辛亥革命之前，立宪派的声势并不亚于革命党，所以追求单一的汉民族国家的声音并非是当时的"主旋律"，也非大多数的汉人知识分子都要驱除鞑虏，因而民族国家议题也非满汉之争。《大同报》诸君与立宪派主张以满汉为主，建立多民族的"国族"，反而是符合实际情况的可行之论。辛亥革命成功推翻清朝，而单一民族国家的理想随之消失，所建立的却是多民族组成的共和国。再者，大清帝国之所以崩解最主要的原因，并非革命党的理论与实力，而是遭遇到三千年未有之变局，无力抵御外侮所致。

定教授认为满洲人认同的中国只是清朝，清朝亡了，就无中国可以认同。然而清虽亡，其曾代表的中国实体尚存，所以严格说，只能不认同代表中国的民国。这种不认同却非"满洲特性"，不认同民国的"前清遗老"之中有不少是汉人，参与满洲国的也有汉人，足见汉人之"复杂性"比满洲有过之而无不及。中国历史上每逢改朝换代的时候，都会出现不认同新政权的"遗民"，甚至元朝亡了，尚有汉人愿当蒙古人的遗民，此乃中华儒教不事二君的特性。

"新清史"论者认为清皇权代表多元文化，维系了帝国的统治，也就是说，皇统是将中国各族群联结在一起的纽带，说是汉人皇帝无法做到的。试想维系帝国的皇权、皇统来自何处？岂非就是来自两千余年的中华帝制？若靠八旗制度，能够维系庞大的帝国吗？再从历史发展看，中国各族群并未因清朝的灭亡而解体，除外蒙因外力干预而独立，疆域基本延续前清。我们觉得，将美国"新清史"视为有政治上的"潜在颠覆性"，未免过于抬高一家之说的影响力。任何学说难以撼动历史事实。中国在动乱的军阀割据时期犹未解体，又何惧于今日。

徐泓教授现任教于台北东吴大学，他的文章《论何炳棣撰〈清代在中国史上的重要性〉》为何先生在四十多年前发表的一篇文章而作。何教授在那篇旧文里，给予清朝极为正面而均衡的评价，肯定清朝在中国历史上有多方面的重要性，诸如领土的开拓，多民族国家的稳固，人口的激增，汉化的成功，政治、经济和社会制度臻于成熟与高度整合，物质文化的辉煌成就等。何先生也指出清朝衰亡的内外因素，导致传统政体的崩解。徐教授指出，何先生文章公正而有据的论说，纠正了自辛亥革命以来对清朝的负面印象。然而"新清史"要角罗友枝教授挑战何先生对清史的认知，但她仅着眼于批判汉化一个议题，并未重新观察整个清史及其重要性。刻意否定汉化或贬低汉化的意义遂成为"新清史"论者的标杆论述。徐教授认为，"新清史"论者以为汉化论是中国现代民族主义的建构，具有忧虑中国现代民族主义崛起的用心，再证诸近年来西方媒体对中国民族政策的激烈攻击，专攻何先生的汉化论，就不很"意外"了。徐教授提到已经闻名一时的何氏对"新清史"的"强烈反击"，并为我们以最精简的文字介绍了何先生的反驳。何先生除了抗议罗友枝教授模糊或曲解其原文的意思之外，用最宏观的视野维护了汉化论。总而言之，诚如徐教授所说："抛弃汉化因素，是无法理解清帝国统治成功的原因。"何炳棣有力的驳文，却得不到罗友枝的回应，这并不表示"新清史"论者知难而退，他们避开何氏锋芒，仍然坚持他们一家之说，但我们没有理由要被他家牵着鼻子走，应该有理必争。何先生的论文与驳文用西方文字回应西方"霸权语言"的挑战，自有其重大意义。徐教授重提何先生旧文，因如他所说，这篇文章的论点，整体而言是"屹立不摇的"，也可为本书作一小结。

汪荣祖

撰于大未来居 2013 年 8 月 14 日

修订于 2014 年 2 月 20 日

一、以公心评"新清史"

汪荣祖

"新清史"的挑战

近年以来美国研究中华帝国晚期史的学者流行"新清史"（New Qing History）一说，认为明朝是"中国的"（Chinese）王朝，而清朝不是。清既非中国，满族就成为在中国的"外国人"（foreign people），不啻挑战明清代兴，延续两千余年中国自嬴秦到清末的历史，也否认清朝是中国历史不可分割的一部分。"新清史"提倡利用满文资料，但至今尚未在满文资料中有何重大发现，强调满族有其自身的认同，主张清帝国是属于满族的中亚帝国，有异于中华帝国，所代表的是"大满洲风"（pax Manjurica）而非"大中国风"（pax Sinica）①。其自信更形诸言表，

---

① 语见 Mark C. Elliott, *The Manchu Way : The Eight Banners and Ethnic Identity in Late Imperial China*（Stanford：Stanford University Press，2001），p. 5。

指斥所谓满族汉化之说，以及少数民族征服汉族而卒被汉族征服的观点之无稽，甚至奢言中国大陆和台湾"带有意识形态性质的学术，限制了大部分学者去尝试不同于刻板马克思主义或'沙文主义'（Chauvinist）的满洲史论述"①。貌似义正辞严，实则不仅大言欺人，而且强词夺理，不可不辩。

　　"新清史"理论的最大障碍就是"汉化"，所以必须全然否定之。美国柯娇燕（Pamela K. Crossley）女士拒绝汉化之说最烈，她痛斥此词"观念不清，思维乏力，在实际的历史研究上没有价值"②，她甚至不再用她的汉名"柯娇燕"以示绝。其实，外人质疑汉化早有人在，除了战前日本学者为了割裂满蒙，有类似言论外，西方的魏特夫（Karl A. Wittfogel，又名魏复光）研究辽代社会史，即指出契丹人并没有被汉族同化，而是形成了"第三种文化"云③。苏联学者沃罗比约夫（M. V. Vorob'ev）研究金朝，也反对女真汉化说，认为女真人始终保持其原有文化，金朝所代表的是通古斯社会的原始创造力④。然而无论契丹或女真于今安在哉！哈佛汉学家包弼德（Peter K. Bol）近年也认为"汉化"用词不妥，女真人采取汉制、风俗习惯，甚至语言和价值系统，并不表示女真人不能维持他们的自我认同（identity），

① 语见 Mark C. Elliott, *The Manchu Way : The Eight Banners and Ethnic Identity in Late Imperial China*, p. 31。
② Pamela K. Crossely, "Thinking about Ethnicity in Early Modern China," in *Late Imperial China*, 11, No. 1(1990), p. 2.
③ 参阅 Karl A. Wittfogel and Feng Chia-Sheng, *History of Chinese Society : Liao 907-1125*(Philadelphia: American Philosophical Society, 1949), 导论部分。
④ M. V. Vorob'ev, "The Jurchen and the State of Chin(1975)," 见 Gilbert Rozman, ed., *Soviet Studies of Premodern China*(Ann Arbor: Center for Chinese Studies, The University of Michigan, 1984), p. 75.

他们仍然是女真人，所以他建议以"文明化"来替代汉化①。然而所谓"文明化"之"文明"非即"汉文明"乎？若然，则所谓"文明化"岂不就是"汉化"的代名词而已。

"新清史"论者否定"清汉化"最为彻底，直指为现代中国民族主义者的历史解释②。他们强调所谓"满洲方式"（The Manchu Way），认为满汉之间的文化差距虽然逐渐缩小，然而族群界线却愈来愈严。他们认为"汉化"淡化了所谓"征服王朝"在历史上的角色，因而要去除"汉化"在中国历史书写上的核心地位，重新评估中国境内汉族以外诸民族的贡献③。他们批评汉化论者忽视了"族群意识"与"我族认同"。族群（ethnicity）既可由身体、血缘来认定，也可由文化特征，如共同的语言、宗教、价值观来认定；即基于相同的背景而拥有共同的历史记忆，以及承担本族的共同命运④。族群意识一旦产生，自然会有排

---

① Peter Bol, "Seeking Common Ground: Han Literati under Jurchen Rule," *Harvard Journal of Asiatic Studies*, 47, No. 2(1987), pp. 461-538.

② Evelyn S. Rawski, "Reenvisioning the Qing, the Significance of the Qing Period in Chinese History," in *The Journal of Asian Studies*, 55: 4(1996), p. 842. Mark C. Elliott, *The Manchu Way: The Eight Banners and Ethnic Identity in Late Imperial China*, pp. 25-27. 杨念群指出主要中国史家如钱穆、陈垣、何炳棣等人所持之"汉化观"均非近代民族主义影响下的选择，详阅杨念群：《何处是"江南"？清朝正统观的确立与士林精神世界的变异》（北京：三联书店，2010），页4—6。杨氏更认为："'新清史'认为'汉化说'是近代民族主义的产物，恰恰是对中国历史书写中《春秋》大义传统的一种漠视。"（见页10）

③ Evelyn S. Rawski, "Reenvisioning the Qing," in *The Journal of Asian Studies*, 55: 4(1996), p. 842.

④ 参阅 David Levinson and Melvin Ember, eds., *Encyclopedia of Cultural Anthropology* (New York: American Reference Publishing Company, 1996), p. 393.

除他族的倾向①。他们指出两个族群之间的文化互动，一文化受到另一文化的影响时，会有所取舍，若仅仅是文化采借，谓之"同质化"（acculturation）②；如果接受外来文化时，经过族群通婚和社会整合，丧失其特征而被融化，才是"同化"（assimilation）③。不过也有文化人类学者认为，"同质化"到最后仍不免"同化"。中国历史上的汉化，往往等同"同化"，因汉族与他族之间在文化和社会上的差异和区别，逐渐减少而趋于消失④。

"新清史"论者不同意将"同质化"与"同化"混为一谈，强调族群的自我认同，因而批评汉化议题的严重缺陷。他们显然将汉化理解为汉文化，以其独特的优势与魅力，所向披靡，使异文化莫之能御，不自觉而"消融于汉化的火焰之中"。他们认为，汉化论者说，满人已经完全接受汉人的生活方式，已经习惯说汉语而疏于母语；满洲王朝采纳并延续中国传统的政治制度，汉籍官员也占官僚体制内的重要地位；满汉人民的融合，没有认同上的差异，十分武断。"新清史"认为，这种将不同族群汉化后都变成中国人的说法，是"反历史"的⑤。以彼之见，

---

① 王明珂：《华夏边缘：历史记忆与族群认同》（台北：允晨文化出版社，1997），页33。

② 许多学者译 acculturation 为"涵化"，意义不明，其实质意无非是"同质化"。

③ Thomas Barfield, *The Dictionary of Anthropology* (Cambridge, Mass: Blackwell Publishers, 1997), p. 151.

④ Richard Alba and Victor Nee, "Re-thinking Assimilation Theory for a New Era of Immigration," in *International Migration Review*, Vol. 31, No. 4 (1997), pp. 826-874. 另可参阅同期相关议题的文章。

⑤ 参阅 Pamela Kyle Crossley, *Orphan Warriors: Three Manchu Generations and the End of the Qing World* (Princeton: Princeton University Press, 1990), pp. 2, 223。此书研究驻扎在杭州乍浦八旗兵营的瓜尔佳氏祖父、父、子三代，在时间上从晚清跨越到民国初期，随着（转下页注）

满人有其深厚的自我认同感，满洲君主建构族群身份与族群认同有其过程；在整个后金时期，努尔哈赤与皇太极属下的血统、出生、语言等差别并不重要；族群身份的界定并不稳定，可视情况而定。然经过18世纪大环境的改变，诸如三藩之乱、汉官激增，以及满人同质化等现象，使乾隆皇帝决定建构族群的身份，敕令编辑《满洲源流考》《八旗通志》，以及撰写《盛京赋》，利用血统与族谱的划分，确立满人的族群身份，同时也要确定蒙人、汉人、藏人的身份，自此清朝皇帝成为帝国内诸多族群的共主①。"新清史"也指出，满人入关之前已警觉到历史上因丧失族群特征而衰亡的许多王朝，因而下令将辽、金、元史译成满文作为借鉴，且要满人不可放弃自己的语言②。皇太极曾于1636年12月7日公开谕众说："恐日后子孙忘旧制，废骑射，以效汉俗，故常切此虑尔。"乾隆皇帝仍不忘皇太极的警告，并将之立碑，刊刻于紫禁城里的箭亭、御园、引见楼以及侍卫教场及八旗教场等处。八旗制度尤其是满清之根本，满人归属感之所在，也显示了满人的族群认同③。

乾隆虽立碑警告，但成效显然极为有限，乃大势所趋。

（接上页注）清代的衰亡而沦落，沦落反而加强了家族的"族群性"。作者此一研究，目的就在反驳满人到晚清时期已经汉化的说法。

① 参阅 Pamela Kyle Crossley, *A Translucent Mirror : History and Identity in Qing Imperial Ideology*(Berkeley: University of California Press, 1999)。

② Mark C. Elliott, *The Manchu Way : The Eight Banners and Ethnic Identity in Late Imperial China*, p. 9. 所引满文记载中译为："朕闻国家承天创业，未有弃其国语反习他国之语者，弃其国语习他国之语而兴盛者，亦未之有矣。"见中国第一历史档案馆编：《清初内国史院满文档案译编》(北京：光明日报出版社, 1989)，页74。

③ 参阅 Mark C. Elliott, *The Manchu Way : The Eight Banners and Ethnic Identity in Late Imperial China*, p. 11。

"新清史"要角欧立德（Mark Elliott）指出盛极而衰，史不绝书；引人注目的是，他认为乾隆作为第四代的清帝要对清朝的灭亡负责。何以故？他引用 14 世纪阿拉伯著名史家伊本·卡尔敦（Ibn Khaldun）所说，政治权力要扎根于"群体感受"（asabiyya），以集合众志，追求共同的目标。欧立德设想，假如这位阿拉伯史家生在 18 世纪，他必定会认知到满族一定要坚持其族群认同，但也认知到坚持无效，因相信皇权四世必衰①。且不论伊本·卡尔敦的四世必衰的命定论，欧立德很相信乾隆因坚持族群认同之失败而导致清朝覆亡。他虽不喜欢用"汉化"一词，但他无异在说，大清因汉化而亡。这与清政权汉化成功稳固其二百六十八年基业的旧说，正好相反。欧立德如深究 19 世纪的史实，将会发现清朝如果坚持族群认同，很可能早亡于太平天国。再者，清朝之亡固然由于汉人之排满，但汉人之所以排满主要由于八国联军入侵，清政府无以卫国，国将不国，诚如章太炎所说："满洲弗逐，欲士之爱国，民之敌忾，不可得也。浸微浸削，亦终为欧美之陪隶而已。"②然则，清朝之亡实由于近代帝国主义之霸凌，亦即李鸿章所谓三千年未有之变局，与汉化何干？"新清史"论者在研究清史时，既然以满族的主体性与族群意识，作为探讨的方式，他们不承认清朝已普遍使用汉文，满文已被遗忘，认为直到晚清，满文与满语仍然在运作，满文在政策制定上、军事情报上、意识形态的操控上以及族群认同

---

① Mark C. Elliott, *Emperor Qianlong : Son of Heaven, Man of the World* (New York：Longman, 2009), pp. 50-51.
② 章太炎：《訄书（重订本）·客帝匡谬》，载《章太炎全集》（上海：上海人民出版社，1984），第 3 册，页 120。

上仍扮演重要的角色，所以强调必须取用大量满文档案的重要
性，从中可以观察到满族的观点与意识①。他们认为，即使满
清皇帝熟练汉文，亦不能证明其失去认同②。大清国是多民族、
多文化的中亚帝国。清帝尊重不同的文化，无意改变主要族群
的文化。清帝能通晓多种语言，乾隆皇帝即以汉、满、藏、蒙、
维吾尔文敕撰《五体清文鉴》③。清帝为汉族人而崇儒，为东北
民族而拜萨满教，为蒙、藏而信佛，为中亚而尊回教，就不足
为异，清廷也以此策略作为各民族的共主④，中国不过是其所
建立的中亚帝国的一部分而已。按此逻辑，满清皇帝只不过是
以儒家文化为手段，以达到臣服汉人的目标而已，仅仅是策略
的运用，更甚至认为满清皇帝玩两面手法，虽公开以儒家面貌
赢得汉人的支持，但私底下是另外一回事⑤。所以清廷任用汉
官，意在操控而不在汉化。故"新清史"极力强调，满人所创设
的机构，实凌驾于中国传统的官僚体制之上；研究这些机构，

---

① 参阅 Evelyn S. Rawski, "Reenvisioning the Qing," in *The Journal of Asian Studies*, 55: 4(1996), p. 829. Pamela K. Crossley and Evelyn S. Rawski, "A Profile of the Manchu Language in Ch'ing History," in *Harvard Journal of Asiatic Studies*, 53. 1(June 1993), pp. 63-102。

② Evelyn S. Rawski, *The Last Emperors : A Social History of Qing Imperial Institutions*(Berkeley: University of California Press, 1998), pp. 4-5.

③ 参阅 Evelyn S. Rawski, "Reenvisioning the Qing," in *The Journal of Asian Studies*, 55: 4 (1996), p. 835. Rawski, *The Last Emperors : A Social History of Qing Imperial Institutions*, p. 6. Mark C. Elliott, *The Manchu Way : The Eight Banners and Ethnic Identity in Late Imperial China*, p. 359。

④ Evelyn S. Rawski, *The Last Emperors : A Social History of Qing Imperial Institutions*, chaps. 6-8.

⑤ Mark C. Elliott, *The Manchu Way : The Eight Banners and Ethnic Identity in Late Imperial China*, p. 347.

才能显示满族统治者的心态，以及清帝国之所以能够长治久安的原因。例如满人在入关之前的"议政王大臣会议"，就是一种另类的贵族政治，于入关后设置内廷，以与汉官与外廷相区隔，认为区分内外廷是一种特殊的做法，清帝国一直在延续其贵族世袭制①。八旗制度更是满族所自创，认为此制的创立不仅是军事上的考量，而且具有族群上的意义②。此外尚有多京城制、皇族妇女制、内务府制以及满人所特有的礼仪文化③。于此可见"新清史"刻意要突显清朝在政治与文化上不同于中国的传统体制。他们甚至相信清代体制的建置，多受蒙古与中亚游牧社会的影响。清朝不断向西北扩张，对边疆民族具有一定的意义。清帝国实融两种不同的传统为一，因而不能仅仅依赖汉籍资料与汉人观点来论断④。这些论点如果能够成立，不仅是对清史的大翻案，清代不再是中国的朝代；而且是对中国史的大翻案，中国历史上居然有那么多的"外来政权"，中国史上不时出现"外国史"的怪现象。

① 参阅 Beatrice S. Bartlett, *Monarchs and Ministers：The Grand Council in Mid-Ch'ing China, 1723-1820* (Berkeley：University of California Press, 1991)。
② 参阅 Mark C. Elliott, *The Manchu Way：The Eight Banners and Ethnic Identity in Late Imperial China*。
③ 参阅 Evelyn S. Rawski, *The Last Emperors：A Social History of Qing Imperial Institutions*。
④ 参阅 Evelyn S. Rawski, "Recent Scholarly Trends in Ming-Qing History," 中国史学会编：《第 1 回中国史學国際會議研究報告集：中国の歴史世界——統合のシステムと多元的發展》(东京：东京都立大学出版会, 2002), 页 118—120。Evelyn S. Rawski, "Re-imagining the Qianlong Emperor：A Survey of Recent Scholarship," in *Symposium on "China and the World in the 18th Century"* (Taipei：National Palace Museum, 2002), pp. 1-12.

满族以北方少数民族入主中原，不再有历代汉族王朝的
"北患"，造成大一统的局面，有的是如何长期统治汉人占极大
多数中国的忧患意识，岂能自外于中国？在此忧患意识下一方
面势必要尊崇中华文化，吸取中国历代统治哲学与经验，包括
中央集权与思想控制在内，"文字狱"也并不是特有的"满洲方
式"，而是中华皇权进一步的发展。另一方面，重用满员、不
废满语骑射、禁止满汉通婚、旗人皆兵等措施，也是忧患意识
的反映。两方面双管齐下，以求稳固少数民族政权。然而承继
中华传统部分愈来愈坚实，持续满洲传统部分则愈来愈难以
为继。满汉通婚就难以禁止，最后不得不解禁，突破了满汉
血统的藩篱。官方维持满语的政令亦难以落实，因日常生活
普遍用的是汉语。确实"这一切，都是社会客观条件与规律使
然，非统治者的意志所能决定的"①。"新清史"论者悍然否定汉
化，视清朝为"纯粹的满族王朝"；然而若从结果看经过，所谓
"纯粹满洲王朝"的结局岂不就是汉化。

从何炳棣的反驳说起

当日裔美籍教授罗友枝（Evelyn S. Rawski）于 1996 年就任
亚洲学会会长的演说中，公开就汉化议题向前任会长何炳棣教
授挑战，何教授强烈回应，更引起学界重视，汉化议题再度成
为学界讨论的一个焦点。何炳棣反驳罗友枝，提出具体的事据
与理据来维护汉化，绝非老调重弹，更不应被指为情绪性的民
族主义反弹。何氏的基本立足点是在肯定清代在建造中国"多

---

① 杜家骥：《八旗与清朝政治论稿》（北京：人民出版社，2008），页 558。

民族"(multiethnic)大帝国的贡献,但一统的大帝国不能分为中原与中亚两部分,更不能以中亚为主,中原为副。要统治疆域辽阔、人口众多的大清帝国,有赖于传统中国的集权体制,而非其原有的八旗体制。清朝实施汉化政策,以程朱理学为核心的意识形态,除了赢得儒家精英阶层的效忠之外,也有利于大一统中央集权帝国的稳固,亦有助于平定太平天国之乱,挽救清皇朝之危亡。换言之,大清帝国之所以能有效统治中国,管理人口众多的国家,延续世界史上最长久的文明,实归功于汉化。若不谈汉化,又如何安放清代在中国历史上的位置①?这是有理有节的反驳。

何炳棣指出满文资料所涉范围虽广,但重要性远不如汉文档,他引满文学者傅乐求(Joseph Fletcher)所说:"满文政府文件一直到20世纪初,都是官方形式上的文字;满文作为教育用途,极为有限。"②何氏更不能接受罗氏所谓,辽、金、西夏与蒙元因创建了文字,所以拒绝汉化。何氏指出,如真的拒绝,显然并未成功;其实,这四朝所新创的文字,反而加速了汉化(包括制度与文学)的进程,使其原有文化与新创的文字终于废止③。清朝自开国以来,广设八旗学校,教学内容有翻译科,

---

① Ping-ti Ho, "In Defense of Sinicization: A Rebuttal of Evelyn Rawski's 'Reenvisioning the Qing'," *The Journal of Asian Studies*, Vol. 57, No. 1 (Feb. 1998), pp. 124-125.

② 参阅 Joseph Fletcher, "Ch'ing Inner Asia c. 1800 and the Heyday of the Ch'ing Order in Mongolia, Sinkiang and Tibet," in *The Cambridge History of China*, Vol. 10, Part 1, edited by John K. Fairbank (Cambridge: Cambridge University Press, 1978)。

③ Ping-ti Ho, "In Defense of Sinicization," *The Journal of Asian Studies*, Vol. 57, No. 1(Feb. 1998), pp. 126-127.

无论哪一种翻译，满文、蒙文或汉文，都是以儒家典籍为教材[1]，而清帝更莫不自幼接受完整的汉文教育。日久之后难免不潜移默化，而导致"习汉书、入汉俗"[2]的后果。在中国历史上，非汉族所建朝代之汉化，并非中国学者的一偏之见，法国学者谢和耐（Jacques Gernet）的《中国史》将辽、金与西夏均于"汉化帝国"一章中述之[3]。

何炳棣追根究源，将汉化议题追溯到九千年前黄土高原的华夏性格，仰韶农耕文化与其他新石器文化颇异其趣，自仰韶以来华夏文化已对周边民族产生深远的影响。何氏曾深入研究华夏文明的起源，发现华夏民族对待异民族具有宽宏的气度，各自尊重彼此的领域与生存权[4]。华夏民族原来很小，异民族领袖若取用华夏生活方式，增益华夏文化，都可以成为华夏世界里的圣君[5]。所以是否属于华夏世界的成员，实基于对共同文化遗产的认知，并不是种族或民族之认同。此一渊源预示了千百年来中国境内各民族的文化取向，也说明了今日中国由五十六个民族所组成的由来[6]。所谓"文化取向"，与章太炎的"历

---

① 有关八旗学校教育内容，参阅叶高树：《清朝前期的文化政策》（台北：稻乡出版社，2002），页 357—395。

② 语见《清实录·高宗纯皇帝实录（十五）》（北京：中华书局，1986），卷1189，页 4。

③ 参阅 Jacques Gernet, *A History of Chinese Civilization*（Cambridge：Cambridge University Press, 1982）。

④ 参阅何炳棣：《华夏人本主义文化：渊源、特征及意义》，《二十一世纪》，第 33、34 期（1996 年 3、4 月），页 91—101、88—101。

⑤ 参阅《孟子·离娄章句下》。

⑥ Ping-ti Ho, "In Defense of Sinicization," *The Journal of Asian Studies*, Vol. 57, No. 1（Feb. 1998), p. 129.

史民族"说①，颇有相互呼应之处。何炳棣所要"维护"的汉化，绝非"单向的汉化"，其论述并无"自相矛盾"之处②。

多民族的汉唐帝国是汉民族征伐与扩张的结果，汉代的匈奴与唐代的突厥，人口都不少，魏晋的五胡颇多，并进入中国北方建立政权。胡人中的上层阶级更容易受到汉文化的深远影响，何氏发现，几乎所有的胡族领导人至第四世纪初叶，莫不通晓儒家经典与中国体制；胡人汉化之深，出乎想象之外。魏孝文帝的汉化尤其彻底，因非如此不足以取得统治中国的合法性。鲜卑与汉族的共治组成"关陇集团"，开创了中华帝国在隋唐的再生。唐太宗李世民有鲜卑血统而不失为中国的英主，其以"天可汗"为号，最足以说明大唐帝国的多民族性格。或谓"可汗"来自成吉思汗，不是中国的皇帝③，殊不知唐太宗已自称"天可汗"。正似何炳棣所指出者，唐代许多宰相与军队，音韵学家如陆法言，诗人如李白以及晚唐三大家都有胡人的血统。何氏所要说明的是，唐代中国的开阔胸怀与国际视野，使华夷之间能有密切的往来，无论汉化和胡化都丰富了中国的文化；汉化也就是融合的最后结果，与以汉化为傲慢排外的沙文主义的说法，正背道而驰。

汉代以来已有大批胡人居住在中国的北疆，必然熟悉汉人

① 章氏之"历史民族"说，可参阅 Young-tsu Wong, *Search for Modern Nationalism, Zhang Binglin and Revolutionary China* (Hong Kong: Oxford University Press, 1988), pp. 27-28。
② 杨念群:《超越"汉化论"与"满洲特性论"：清史研究能否走出第三条道路?》，《中国人民大学学报》，2011 年第 2 期，页 123。
③ Evelyn S. Rawski, " Reenvisioning the Qing," in *The Journal of Asian Studies*, 55: 4(1996), p. 835.

的农业生活，也不免高度汉化，出现中国北方的民族大融合，尤其是胡人中的贵族，几皆接受儒家价值观，直到第八世纪胡汉之间"文化同质化"速度加快。大唐中国并不以政治或文化优势，迫使胡人同化，反而乐观臣民采用草原习俗，并输入中亚文化。唐代的包容是汉化的内在力量，自宋元而后更有不少少数民族入主中原。何氏认为中国的大小"异族"政权，实际上是族群之间分裂、吸纳、重组和混合的"结晶"。严格而论，所谓"胡人政权"没有一个由纯正的胡人所创立。最值得注意的是，"异族"朝代覆亡之后，会出现一群多民族的亡国大夫，高举中国正统的旗号。女真人经过通婚而汉化，尤其显著。元好问出自拓跋帝系，金朝灭亡之后留下辉煌而感人的汉文学成就。蒙元统治阶层最不愿意接受汉人的生活方式，但为了统治极大多数的汉人，也必须要采用中国帝制与官僚系统。何氏从陈垣的《元西域人华化考》中发现了元代精英分子汉化的大量资讯。不过，蒙古人真正汉化要到明代才开始，明太祖的异族通婚法势必促成蒙古人与色目人的汉化。

关于清政权的汉化，何氏早有定论，诸如清朝采用明制，鲜有创新，并刻意废除八旗中许多封建关系。清帝尤其崇儒，对孔子有前所未有的尊敬；儒家经典以及各类文集的大量流通；对汉文学、书画、艺术的喜好。到18世纪，满洲本土组织在中国文化的熔炉里，已徒具形式，唯有满族巫教一直维持到清朝灭亡。所以何炳棣深信清朝比汉人王朝更能代表正统的儒家国家与社会，说明了为何多数汉人，特别是属于社会精英的士大夫，诚心诚意效忠清廷。罗友枝的挑战使何氏有机会作进一步的申论：清开国之君努尔哈赤即已告诫皇子们要通解中国文史，明白朝代兴亡之故。皇太极虽欲保持满文化，但明白汉文乃获取知识的钥匙；创造满文也主要为了翻译中国经典与科技，以获取新知，提高文化水准。康熙真诚仰慕汉文化，曾向孔子灵位行叩首礼，钦定以孔氏为首的百家姓，并严格规定皇子都必须通晓汉文；雍正汉文与书法之流畅见诸其朱批之中；乾隆文采风流，生平写了四万余首汉诗。清朝无疑是中国历史上最为儒家化的朝代。在此可以进一步补充的是，慈禧太后擅权四十年而不敢称帝，多少也与儒家伦理学之强势有关。清朝全力执行的儒家学说以程朱理学为主，趋向极权主义，宣扬正统观，要求被统治者的忠诚，赢得士人的支持，导致和平繁荣与人口的快速成长。清朝不仅入主中原，而且于18世纪结束前完成中亚的军事征服并拥有宗主权。何炳棣说，拥有蒙、藏、回疆的庞大清帝国，有赖于汉族精英的智慧与努力，以及大量汉族人口作为后援。更有进者，何氏指出，早在康熙征讨准噶尔时已有迹象显示八旗军的废弛，以及汉军绿营之可用。大清平定准噶尔后，随之而来的措施，包括绿营及其家属的屯垦、移入大批中原农民，促使新疆地区的汉化。清控制下的蒙古由于经济原因，使大批牧地抵押给汉商，移入汉农，成为有利可图的耕地，内蒙的汉化尤其显著。满洲本土由于早期禁止移民的政策，尤其是该地东北部分甚是空旷，直到19世纪中叶因外患日深，才开放东北，于1907年成立东三省，人口一千七百万，由于几百万汉人之移入，三十年内人口增加了三倍。何氏认为，在近代帝国主义威胁之下的晚清与民初，唯有汉化才能保有国土，所谓"到十九世纪末，满汉一体认同中国，风雨同舟"。清廷靠汉人官绅与湘、淮军，平定太平天

国，是清两百年汉化政策的最大补偿①。左宗棠所统帅的军队
稳固了回疆，并于 1884 年建立新疆行省，显然是在行政上的
汉化，走向中亚的中原化。行政上的汉化在民国时期仍然在
进行之中，如设西康省于东藏，青海成为完整的省份，设热
河、察哈尔、绥远于内蒙。

何炳棣也驳斥清为一中亚帝国而有异于传统的中华帝国之
说，其实汉化与中亚帝国的建立实相辅相成，而非相互排斥。
清初有计划的汉化导致空前的繁荣，为康、雍、乾三朝建立庞
大的多民族帝国，提供必要的资源，汉族精英的支持无疑延长
了帝国的生命。整体而言，汉化与帝国的建立从未如罗友枝所
谓的两极化。何氏最后对汉化作了四点结论：其一，过去欧洲
汉学家对少数民族征服者被汉化的综论，虽略显简化，但对强
势汉文化的评估仍然是正确的；其二，汉化的内力源自推己及
人的人本主义宗教，正由于宽宏胸襟使汉化多半顺其自然而非
强制；其三，汉化的说服力与开明对待外来文化有关，如佛教
先"印度化"中古中国，与唐之后佛教的汉化，及其形而上学构
成宋明理学的重要部分，所以汉化有关中国文化的演进；其四，
汉化是一持续的进程，中国在过去两百年间从东亚进入全球，
面对现代西方文明，中国如何接受来自西方的现代化尚属未来
的进程，但可以确定的是，中国必将保持其特色，因西方文化
与文明进入中国势必要经过测试、淘汰、消化、吸纳，以备中
国之需，也就是汉化的过程。据此，何氏论定汉化在中国历史
上有其至高无上的重要性。

---

① Ping-ti Ho, "In Defense of Sinicization," *The Journal of Asian Studies*,
Vol. 57, No. 1(Feb. 1998), p. 147.

何炳棣教授的宏观论述极具说服力，他明言中国是一多民族的国家，所谓汉化实际是以多数汉族与诸多少数民族融合的过程，不仅仅是胡人汉化，也有汉人胡化。汉民族在历史过程中，不断吸纳非汉族文化与血缘，甚至有学者说："汉族是由蛮、夷、戎、狄和华夏（狭义）融合形成的。"①少数民族在汉文化的影响下，无论在物质生活上或精神面貌上都起了根本的变化，以至于连匈奴、羯、羝等名称也逐渐消失了②。汉文化本身无可避免地吸纳了新的民族与文化因子。隋唐盛世，不仅完成中华帝国的再生，而且完成又一次的民族与文化大融合。此后，宋、元、明、清四朝有两个分别是蒙古族和满族政权，统治整个中国。清之汉化比元为深，其政权"比之汉人政权，毫无逊色"③，足以代表正统的儒家文化，因而获得帝国内大多数汉人支持，即使反清复明志士中最不顺服的傅青主亦"非真有兴复之望"④。清王朝开创了一个和平繁荣的"中国盛世"（Sinica Pax），大大地拓展了中国的领土，并实施移民政策，大批汉族及其农业文化遂亦西播。至19世纪之初，汉农在乌鲁木齐一隅，就有数十万之众⑤，居住在内蒙的更多。

满、蒙等胡族吸纳汉文化，势必回馈汉文化，也势必丰富

① 田晓岫：《中华民族发展史》（北京：华夏出版社，2001），页13。
② 林幹：《突厥史》（呼和浩特：内蒙古人民出版社，1988），页192。
③ Ping-ti Ho, "The Significance of the Ch'ing Period in Chinese History," *The Journal of Asian Studies*, Vol. 26, No. 2(1967), pp. 192-193.
④ 孟森：《明清史论著集刊》（台北：世界书局，1965），页517。
⑤ Joseph Fletcher, "Ch'ing Inner Asia c. 1800 and the Heyday of the Ch'ing Order in Mongolia, Sinkiang and Tibet," in *The Cambridge History of China*, Vol. 10: Late Ch'ing, 1800-1911, Part 1, edited by John K. Fairbank (Cambridge: Cambridge University Press, 1978), pp. 65-66.

了汉文化的内容，增添了新的生命力，已非原来汉文化的面貌，逐渐发展成为不断在成长中的中华文化。而其控御的疆域均远远超过历史上的汉人政权，亦因而扩大了中华帝国的范围。所以汉化并不是简单地同化其他民族，而是长期的互动、影响与融合的过程，与西化或现代化过程颇有类似之处，为中国历史上的重要议题，自不待言。在绵长的中国历史里，多数的汉民族和强势的汉文化毕竟是形成一体多元的中华民族及其文化的最主要因素①。

从汉化到中国化

何炳棣批驳清廷为中亚帝国共主之说，中原与中亚不能一分为二是正确的。大清帝国原是凭借中原之力征服中亚；中原是中央，中亚是边疆，并不是相等的两部。"新清史"论者以近代西方帝国的情状来看待清帝国，如英皇为大英帝国的共主，也是比拟不伦。满族是入主中原，清帝建都北京，大批旗人内移，无论宗室、王公、官员，甚至一般旗民，难能不"入汉俗"，何况驻守幅员辽阔的八旗劲旅，置身汉人社会，不敌汉文化的"诱惑"，难以维持满洲传统②。三千年来中国境内少数民族面对的"汉化"挑战，可与现代非西方世界所面临的"西化"挑战相比拟。亚、非、拉诸国在汹涌西潮冲击与"诱惑"下，似亦莫之能御。西方文化自 11 世纪至 20 世纪影响到人类的生活、

① 参阅费孝通：《中华民族的多元一体格局》，费孝通主编：《中华民族多元一体格局》（北京：中央民族学院出版社，1989），页 4。
② 参阅定宜庄：《清代八旗驻防研究》（沈阳：辽宁民族出版社，2003）。

思维、观点、信仰、行为等多方面的转变，使人类社会走出中世纪。清帝上谕时而忧虑汉化过甚，正见汉化之难挡，一如现代西化之难挡。西洋人未尝怀疑亚、非诸国西化之事实，何独质疑中国沿边少数民族的汉化？入主中原的清朝，采用的又是中国政制，尊崇儒学，并借中国之人力与资源扩大帝国的版图。清廷向西拓疆，直至中亚地区，诚如何炳棣所说，有赖于中原地区人力与资源的支持。横跨中原与中亚的清王朝无疑是大一统的中华帝国，清廷亦以中国自称。

不同族群的"同质化"以及"同化"固然有其过程，疾徐有别，最终的"融合"（amalgamation）亦难易有异，甚至亦有终未能融合者①。不过汉族与少数民族经长时间之"同质化"以及"同化"，终于达到相当成功的融合。若说政治认同，无论任何族群在清帝国时代，都认同清王朝，作为汉人的曾国藩、李鸿章亦莫不认同清朝。然而一旦帝国覆亡，认同随之消失，而满汉人民经过长期的"杂居共处，互相学习，互相吸收，在经济、文化、习俗、生活上日益接近，日益趋于一致"。最终结果是，"清朝一代，本来以统治民族自居的满族，固然吸收进去不在少数的汉族成员，但很多有满族血统的成员到后来融化到了汉族之中"②。换言之，满、汉两族经过"同质化"而终于"同化"。带有满族血统的汉人增大了汉族的总数，而极大多数的满人在长期汉化下，趋向认同中华民族。

---

① 参阅 Robert E. Parker, "Human Migration and the Marginal Man," in Wener Sollers, ed., *Theories of Ethnicity: A Classical Reader*(New York: Macmillan Press, 1996), pp. 163-164。

② 王钟翰：《清代八旗中的满汉民族成分问题》，《王钟翰清史论集》（北京：中华书局，2004），页141—142。

所以"汉化",其实逐渐导致"中国化"(Sinicization),中国是统一之称,而"汉"乃对称。塞外诸族不闻中国,唯闻有汉,故以中国为汉,始于齐、梁,而后有胡、汉之对称;海外诸国不闻中国,唯知有唐,故称中国人为唐人。辽、金、元入主中原,不再以汉人等同中国。清帝国有满、汉之界,然以中国自居。远人亦称呼清廷为天朝或中国,对外交涉更不用汉,如乾隆二十二年(1757)年永昌知府于檄缅甸文中有"数应归汉"语,被清廷严词申饬①。然则所谓汉化乃多数汉族在文化上的扩张,以及与诸多少数民族长期的斗争与融合,自秦汉帝国建立以来,汉民族与边疆民族仍继续不断的武装冲突与文化融合,至南北朝分裂,民族之间的混杂"像滚雪球愈滚愈大"②,而逐渐于现代形成包含五十六族的中华民族,其中绝大部分已经高度汉化。所谓汉人其实包括了已经充分同化的"异族",人数大增,成为中国的主体民族与主体文化,也成为"中国人"(the Chinese)的代称,实则汉人已不能等同中国人,中华民族亦非仅汉族。

族性认同与国家认同之辨

"新清史"论者强调族群认同,认定权力集中于满族。欧立德提出"族性主权"(ethnic sovereignty)论,认为其重要性超过儒教的正当性。他说满族靠"军事"(superiority of military)与

① 参阅陈垣:《释汉》,《陈垣早年文集》(台北:中研院中国文哲研究所中国文哲专刊,1992),页 1—3。另阅《释唐》,见同书页 4。
② 费孝通:《中华民族的多元一体格局》,费孝通主编:《中华民族多元一体格局》,页 13。

"威吓"(climate of fear)以少数统治多数，意在划清满族征服者与汉族被征服者之间的明确界线，壁垒分明，以便说明权力完全掌控于满人之手①。当欧立德说，乾隆是"非中国人的中国统治者"(a non-Chinese ruler of China)②，显然将中国人等同汉人，认为中国仅仅是汉人的国家。欧立德又说，旗人吸收汉文化、说汉语，并不等于认同是汉人，就像他虽然爱好中国文化，毕竟还是认同自己是美国人③。岂不是将族群认同与国家认同搞混了？旗人在族群上当然自认是满人，然而满人与汉人同属一国，难道有不同的国家认同吗？欧立德当然自认是美国人，然而他与奥巴马总统一白一黑，分属不同的族群，难道不认同是同一国人吗？

所以在一个国家之中，不同的族群以及统治者与被统治者之间不可能或不允许有"族性主权"。雍正《大义觉迷录》强调华夷不分，以中国的合法统治者自居，符合传统中国的正统观，绝不自外于中国，且有言"本朝之为满洲，犹中国之有籍贯"④，以族群比诸籍贯，"族性主权"云乎哉？事实上，在大清帝国中，无论满、汉都是皇帝的"奴才"，而统治阶层中也有不少汉人。大清绝不能仅依赖满族来维持，领土向中亚扩张更有难以估计的汉族功劳与贡献。"新清史"以清代扩张的边疆为重心，

① 参阅 Mark C. Elliott, *The Manchu Way : The Eight Banners and Ethnic Identity in Late Imperial China*, pp. 5-7。

② Mark C. Elliott, *Emperor Qianlong : Son of Heaven, Man of the World*, p. 51.

③ 见盛韵:《欧立德谈满文与满族认同》,《上海书评》(2013 年 6 月 2 日)，页 2。

④ 引自萧公权:《中国政治思想史》(台北:中国文化大学出版部, 1980)，下册，页 658。

以中原为边缘，犹如视 19 世纪大英帝国的重心在殖民地而不在英伦三岛，岂非主次颠倒？

"新清史"颠倒大清帝国的主次，影响到后进学者。最令人注目的是美籍华人张勉治（Michael Chang）的《马背上的朝廷：巡幸与清朝统治的建构，1680—1785》(*A Court on Horseback : Imperial Touring and the Construction of Qing Rule , 1680-1785*)一书，将清帝南巡与围猎相提并论，甚至认为乾隆两次南巡是为征讨准噶尔作后勤准备，在在要说明核心在西北，东南反而是边缘①。类此一厢情愿之说，完全无视清帝南巡的汉文化兴趣，包括乾隆绘录大批南方名园，移植于圆明园的事实。

"新清史"论者固不能无视雍正帝强调大清因"文化之转化"（即汉化）而得以统治中国，却说乾隆皇帝翻曾静案，禁《大义觉迷录》，证明乾隆一反其先皇之"文化转化论"，而认为大清之得天下乃因努尔哈赤、皇太极得天之助，战胜明朝云云②。且不论乾隆即位后翻案别有其故③，即得天命而得天下，若不认同极大多数人之文化与道德，又何从治天下？乾隆认同中国文化，每年到曲阜朝圣，熟习经史，生平写汉诗四万余首，何逊于雍正？

---

① Michael Chang, *A Court on Horseback : Imperial Touring and the Construction of Qing Rule*, 1680-1785（Cambridge, Mass.: Harvard University Asian Center, 2007.
② 语见 Pamela Kyle Crossley, *A Translucent Mirror : History and Identity in Qing Imperial Ideology*, p. 260。
③ 诚如史景迁所言，雍正于《大义觉迷录》中不避负面指控，示其真诚，以正视听，但人们往往只记得谣言而忘记辨正；乾隆以为禁其书可了其事，殊不知反而欲盖弥彰，两者皆失策。见 Jonathan Spence, *Treason by the Book*（New York：Viking, 2001），p. 247。

欧立德特别强调八旗制度"为维持满洲的族性认同以及持续大清统治扮演了充满生命力的角色"①，也最能彰显满族国家的特性与完整，其大书特书，固在意料之中。但早在战前的1936年，孟森已发表有关"八旗制度"权威性的长篇大论。欧立德用到孟文，但显有误解。孟森说："自清入中国二百六十七年有余，中国之人无有能言八旗真相者。既易代后，又可以无所顾忌，一研八旗之由来。"②欧氏只读懂中国人不懂得八旗制度，遂自我作解道：中国人之所以不懂，因该制之"新奇"（novelty）与"陌生"（strangeness）③，浑不知孟森全文的意思是：易代之前因有所顾忌，所以真相不明，现在已无顾忌，大可研究其由来，而孟氏亦自当仁不让，写作此篇。什么顾忌呢？孟森在文中一再提到，清太祖努尔哈赤所创之八旗制度，以八旗平列，为其所定的国体，全国"尽隶于八旗，以八和硕贝勒为旗主，旗下人谓之属人，属人对旗主有君臣之分"，所以八旗可以说是类似联邦制的"联旗制"，而各旗之属人除女真族之外，也包括蒙古族、汉族、俄罗斯人、维吾尔族、藏族等，并不是认同族群，而是认同旗主，是一种君臣的封建关系。然而当清入关称帝后，这种封建"国体"就不可能适应大一统的帝国。未入关的皇太极已感到八旗事涉理想，难以立国，乃苦心思变；入关以后，更欲抑制旗主的权力，并旗夺产，更不能允许各旗属人"于皇帝之外复认本人之有主"。顺治、康熙以来已经蜕化，到了18世

---

① Mark C. Elliott, *The Manchu Way : The Eight Banners and Ethnic Identity in Late Imperial China*, p. 39.
② 孟森：《八旗制度考实》，收入《明清史论著集刊》，页218。
③ Mark C. Elliott, *The Manchu Way : The Eight Banners and Ethnic Identity in Late Imperial China*, p. 40.

纪的雍正朝，制作《朋党论》以应之；所谓"朋党"指的就是"各旗主属的名分"，必须清除，否则何以彰显皇权？至雍正成立军机处，连议政王大臣会议的成员与职掌也显著减少，"逐渐空存其名，最终消亡"①。其结果是八旗已非原有的祖制，亦非顺治初期诸王分占的八旗，遂不得不以汉族传统的大一统帝制为国体，以儒教名分之说来对付太祖八旗并立的"祖训"②。换言之，清帝为了君临天下，创宇内一统的局面，势必要取用中华帝制，不得不破八旗原有的立国精神，因八旗共治、八王议政与推选之制实在有碍皇帝之至尊。对清帝国而言，汉化除仰慕中华文化之外，更有实际的政治需要。孟森的论证岂不正好证明"新清史"之说难以成立？欧立德视而不见，或读而未懂，强以为八旗直到 20 世纪始终是"纯正的制度"（hall-mark institution），并亟言八旗与满洲族性与认同的关系③。实则，无论满、汉，所认同者非其族群，乃大清皇帝及其所承袭的中华帝国，国号曰"清"。就此而言，"满"也不能等同"清"，清朝虽是满人皇帝，但并非尽属满人。清帝国倒是可以等同中华帝国。康、雍、乾三帝开创大清盛世，其国体是中央集权的中国传统帝制，而非八旗制度，固毋庸置疑。诚然，清帝都是满人，自有其族群认同，学习满文，并时而提醒不要荒废满族所长的骑射；八旗既为祖制，虽与中央集权的帝制扞格，也必须保存。但是族群认同并不影响国家认同，所谓"满族特色"也

① 杜家骥：《八旗与清朝政治论稿》，页 346。
② 孟森：《八旗制度考实》，页 218—219、262。
③ 语见 Mark C. Elliott, *The Manchu Way : The Eight Banners and Ethnic Identity in Late Imperial China*, p. 41。

没有改变帝国的本质。此所以中央集权日益壮大稳固，而八旗制度趋于衰微也。大清盛世向西扩张也是靠大一统帝国的实力，其所兼并的中亚领土，全由中央节制，中央位于中原，绝不可能如"新清史"论者所谓中亚与中原分治，各行其道，而清帝乃两者之共主，实一厢情愿的说辞。清帝国之根本在中原，国都在北京，就像19世纪的大英帝国，疆域遍全球，号称日不落国，然其根本仍在英伦三岛，英皇是大英帝国的主宰，不是诸殖民地的共主。

若按"新清史"所说，清朝自外于中国，则其历史应上接女真之金，或满洲起源。其实不然，清帝认同中华帝国的历史，显而易见。雍正皇帝正式批驳华、夷之分，中外之别，"尊崇孔子达到无以复加的程度"[1]，力言唯有德者可为天下之君，清朝建立了大一统的天下，就是取得在中国的正统地位，不容置疑[2]。乾隆皇帝更以中国历史为己任，自称"《春秋》者，天子之事"，推崇中华正统的《通鉴纲目》，并修成《御批历代通鉴辑览》一书，将"隆古以至本朝四千五百五十九年事实编为一部，全书于凡正统、偏安天命、人心系属存亡，必公必平，惟严惟谨而无所容心，曲徇于其间；览是书者，凛天命之无常，知统系之应守"[3]。乾隆明明将其"本朝"（清朝）为四千余年中国历史的承上启下者，中华史学传统之执行者，以大一统为中国正

---

① 冯尔康语，见其《雍正帝》（台北：联经出版事业公司，2009），页116。
② 参阅雍正皇帝编纂：《大义觉迷录》，卷1《上谕》，收入李肇翔等编：《四库禁书》（北京：京华出版社，2001）。
③ 见乾隆御笔《通鉴辑览序》，清高宗敕撰：《御批历代通鉴辑览》（台北：新兴书局，1959），页3。

统之继承者，并强调大一统政权就是"为中华之主"①。乾隆时代编撰的《太祖武皇帝实录》不仅将未入关的始祖努尔哈赤冠以中国皇帝的庙号，称之为清太祖，而且在《实录》中并不讳言曾向大明称臣，以及努尔哈赤曾接受明朝龙虎将军封号的事实②。乾隆也曾重修辽、金、元史，但也没有视之为征服朝代或外来政权。所谓重修，"在改正人、地、职官、氏族等音译，而不改动文字"③。最主要的，重修后的辽、金、元三朝历史，仍在二十四正史之列，也就是说由少数民族所建立的政权也是中国历史的一部分，即乾隆所谓的"海寓同文"，清一朝又何从例外？

　　"新清史"论者不难从文献中找到极端的种族思想、夷夏之防，如明末清初的王夫之的民族本位政治观与历史观，坚持一个民族的政权必须由本民族来执掌，绝不允许异族僭越④。然而船山之民族思想在传统中国罕见，更不能说他是代表人物。儒家经典中有"夷狄进至于爵"与"中国亦新夷狄"之说，认为夷夏的区分，端视行动的文明或野蛮。所以民族依文化的高低来划分，"种性亦随文化之混同而相融"⑤。这才是多数儒者的看法，也是乾隆皇帝的看法："夷狄而中华，则中华之；中华而

---

① 语见《清实录·高宗纯皇帝实录(十五)》，卷1142，乾隆四十六年十月甲申条。

② 参阅乔治忠：《中国官方史学与私家史学》(北京：北京图书馆出版社，2008)，页213、217。

③ 语见何冠彪：《论清高宗之重修辽、金、元三史》，《明清人物与著述》(台北：台湾商务印书馆，1996)，页225。

④ 例见 Mark C. Elliott, *The Manchu Way: The Eight Banners and Ethnic Identity in Late Imperial China*, p. 23.

⑤ 语见萧公权：《中国政治思想史》，下册，页650。

夷狄，则夷狄之，此亦《春秋》之法，司马光、朱子所为亟亟也。"①

清帝以儒家君臣大义压缩夷夏之防，雍正尤恩威并施，颇得成效，岂能如"新清史"强调满洲"族性主权"，自外于占极大多数人口的汉族。事实上，至乾嘉之际种界已经淡化。或谓咸同太平天国反满，甚至要灭满族（ethnic cleansing），足见种界未去②；实则反满乃内战之宣传武器，而此内战绝非满汉之间的种族战争。清廷之得以平定太平军，实有赖于汉族将相之助。此所以美国学者玛丽·赖特（Mary Wright）认为同治中兴，可以说明约于 1865 年满汉之异不再，几已融为一体③。若然，又如何解释清末的"排满主义"（anti-Manchuism）？按反满意识之强烈莫过于余杭章太炎，若谓"东胡群兽，据我息壤"，作粗暴的种姓攻击。然其动机出于清政府之无从抗拒外国帝国主义，非推翻清廷无以救国。反满非因认为满族不是中国人，而是满人政府没有能力抵御外侮，故种姓攻击乃其革命之手段，固有助于清朝之倾覆，攻击种族之重要性主要在此。革命一旦成功，手段就无必要，武昌起义后，太炎立即驰函留日满洲学生说"君等满族亦是中国人民"，要求他们加入共和，并毕生赞同五族共和。所以他的"排满"显然不是"种族性"，而是"政治性"④。

① 参阅庆桂等编：《国朝宫史续编》（北平：故宫博物院图书馆，1932），卷 89。
② Pamela Kyle Crossley, *The Manchus*（Oxford：Blackwell，1997），p. 5.
③ Mary Wright, *The Last Stand of Chinese Conservatism：The T'ung-chih Restoration，1862-1874*（Stanford：Stanford University Press，1962），p. 53.
④ 汪荣祖：《章太炎排满缘起》，《章太炎散论》（北京：中华书局，2008），页 45—48。

栖息在中国境内的各民族，当然有其"族性认同"，一如绝大多数的汉族也有其"省籍认同"，但与国家认同并不抵触。在大清时代，各族所认同的国家是清朝；民国成立之后的国家认同则是以五族为主的共和国。

结论：清帝国无疑是中华帝国之延续

"新清史"论者认为清朝不是中国朝代，汉族朝廷是"皇家"（imperial family），而满族朝廷是"族群"（ethnos），直把满族视为"外国人"，显然是极其错误的说法。满族是中国的少数民族之一，在中国建立长达近三百年的政权，怎么可能是在中国的"外国人"？无可否认的事实是，在泛称中国的大地上，无论多数的汉人或少数民族建立不同的朝代，都自称中国。满族在中原建立清皇朝，也并非是少数民族统治中国的第一遭，之前蒙古人亦曾在中国建立元朝。之前的辽、金以及魏晋南北朝时期的许多少数民族政权也曾统治部分中国。无论任何种姓或家族在中国执政若不认同中国，岂非怪事？很显然的，西洋人自觉或不自觉地只认为汉人是"中国人"（the Chinese），遂将中国人等同汉人。满人当然不是汉人，但满族明明已成为中华民族的一员，中国像美国一样是一多民族的"民族国家"（nation-state），而且历史更为悠久。

中国疆域辽阔，虽为一国，然边疆、省份、村落、市镇，以及不同的族群、方言、民俗、宗教、文化，遍布各地，皆具有民族以及地方特色。几千年来在中国大地上栖息者，从来不是单一的民族，除了多数的"汉人"之外，尚有许多少数民族，而多数的汉人经过悠久的岁月逐渐融合了许多少数民族，最终形成中华民族，即由历史演变而形成的民族。然而在大一统的观念下，只见中国之一致性，而模糊了中国的多样性，以至于容易产生对中国历史片面性的了解，忽略了中华民族与文化的多元性格，无法看清三千年来民族与文化的大融合，以至于让"新清史"学者误以为：中华民族就是汉族，中华文化就是汉文化。

考古学家与文化人类学家已经证实，中国约有九千年的民族与文化交融史。今日的中华民族就是悠久历史的产物。早在新石器时代，黄河中、下游已出现东、西两个文化区。傅斯年的"夷夏东西"说，指出大约在夏、商、周三代之前，东西已有两个文化体系，"因对峙而生争斗，因争斗而起混合，因混合而文化进展。夷与商属于东系，夏与周属于西系"①。1955年以后，考古发掘与研究发展更是快速，出现三千处以上的中国新石器时代的遗址，分布极广，从黄河流域到长江流域，到西北、东北、草原都有不同的新石器时代文化，而且每一个文化都有地区性的差异，呈现"有所同，有所不同"的状况②。中国新石器文化因而有六个源头的说法，更加说明了民族与文化之间的不断互动与吸纳③。于此可见今日之中国大地原是汉、胡杂处的局面，所谓西戎、北狄、东夷、南蛮，都是与中原人民同栖共存的族群。诸戎居住在陇山以西的渭河上游，狄人分布于太

---

① 傅斯年：《夷夏东西说》，载《傅斯年选集》（天津：天津人民出版社，1996），页247。
② 尹达：《新石器时代》（北京：三联书店，1955、1979），页210、212。
③ 参阅许倬云：《万古江河》（台北：联经出版公司，2006），页23—30。

行山两侧，淮夷乃生活在淮河下游的夷人，蛮族则是长江流域的原住民①。孟子曾说，商原是东夷之人，周之始祖原是西夷之人，等于否定了春秋时代以血缘与地域为主的华夷之辨。足见所谓夷狄，自古就同时生活在今日的中国疆域之内，相互间文化的交流、影响与互补，在所难免。

不同族群之间的通婚，固然可以促进融合；残酷的战争也会促进混杂与融合。其结果到春秋时代，在黄河中游出现了华夏民族，或称诸夏。然则作为汉民族前身的诸夏，已具有多民族的性格。春秋赵武灵王以胡服骑射，进行军事改革。齐、晋、秦、楚、吴、越，都属华夏族群。地处边陲而境内民族庞杂的西秦，皆曾被视为蛮夷，最后统一了中国，成为一个政治性的诸夏集团。所以公元前221年既是政治上的统一，也是一次经过几百年之久的民族与文化大融合，已把黄河流域与长江流域融为一体了。南方的楚文化也终于与北方文化相融合，"成为水平比它们更高、范围比它们更广的汉文化了"②。费孝通所说的"多元一体"格局的形成，就是否定了中华民族起源的一元论和外来说③。

然则，当秦汉帝国成立之初，蛮夷戎狄的文化和气质早已融入华夏文明之中了。唯此一帝国的疆域只是今日中国的本部，

① 王会昌：《中国文化地理》(武汉：华中师范大学出版社，1992)，页47。
② 张正明：《楚文化史》(上海：上海人民出版社，1987)，页320。
③ 费孝通：《中华民族的多元一体格局》，费孝通等：《中华民族多元一体格局》(北京：中央民族学院出版社，1989)，页4。参阅 Ping-ti Ho, *The Cradle of the East：An Inquiry into the Indigenous Origins of Techniques and Ideas of Neolithic and Early Historic China*(Hong Kong：the Chinese University Press，1975)，pp. 341-368。

在北边游牧地区已经出现另一以匈奴为主的民族集团；不过，据司马迁说，"匈奴，其先祖夏后氏之苗裔也"①，也就是淳维，原非外族。但双方发生武装冲突，秦始皇一方面派蒙恬北击匈奴，另一方面兴建万里长城作为防御。匈奴乘秦末大乱，进入河套以南，所以长城并不是国界，而是农业文明与游牧文明的分界线②。西汉帝国成立时，匈奴已经占据冀北、陕西、山西等长城以南的土地。汉高祖刘邦被匈奴围困于平城，幸而脱困之后，改采和亲政策，开放关市，双方来往反而密切。于是汉、匈两族在中国境内，"彼此在原来生活的地区分疆自守"③。至汉武帝，国力充实后，始北服匈奴，东定朝鲜，南平百越，西通西域，促使政治上的大一统以及民族与文化上的大融合。

长城南北的两大族群经过长期的战争与和平，于汉帝国崩解之后，又掀起另一波的民族大冲突与文化大融合。所谓"五胡乱华"，并不是外族入侵，而是汉代内迁的胡族，乘乱夺权，相继建号立国，造成中国在政治上的大分裂。但同时也促进民族与文化的大交融，到南北朝时期，民族间的混杂达到一个高潮。隋文帝统一中国之后，境内的民族问题大致解决，并遏止了新兴的突厥，终于下开隋唐盛世，不仅完成中华帝国的再生，而且完成又一次的民族与文化大融合，如胡秋原所说，"秦汉之匈奴，隋唐之突厥，是促成中国统一帝国形成之因素，也成

---

① 司马迁：《史记》（北京：中华书局，1959），第 3 册，页 2879。

② 参阅 Owen Lattimore, *Inner Asian Frontiers of China* (Boston：Beacon Press, 1951), ch. 4。

③ 林幹：《匈奴史》（呼和浩特：内蒙古人民出版社，1979），页 54。

为中国国力之资本，文化西迁之媒介"①。至帝国晚期，元与清两朝分别是蒙古族和满族政权，而其控御的疆域均远远超过汉人政权，亦因而扩大了中华帝国的范围，更增加了中国国力之资本。然而，疆域的扩大并不足以改变帝国的本质。蒙古族或满族统治之中国疆域大于汉人统治的中国，仍然是中国。

长期的民族融合常被解释为极大多数的汉族同化了众多的少数民族。自孔子赞美管仲尊王攘夷以来，中国史观的发展趋势是用夏变夷，直到现代。史家如钱穆即认为，宋代以后，契丹、女真、蒙古、满洲，在不到三百年的时期内，或全部或部分都消融在中华民族的大炉里②。"熔炉论"（melting pot）是彻底的同化论，社会与文化的认同完全消失。元史专家姚从吾也认为中国历史上有"五大酝酿"和"四大混合"，所有的边疆民族都全部或部分归化于中华文化。他相信中国四周的各族构成中华民族的一部分，即使入主中原，并非"外族征服者"。所谓四大混合，即秦汉、隋唐、元、清，他不认为元、清两代是外来王朝③。钱、姚两人都说"全部或部分"同化，并没有说边疆民族全部被同化。边疆少数民族即使入主中原，其政权能否长久，端视能否汉化，可略见之于清国祚近三百年远超过元之不及百年。汉化亦使夷狄之乡成为冠带之邦，如 12 世纪的女真在进入华北之前，就已经从事农耕，占据华北后，起用汉人官僚，采取中国制度，深受汉文化的影响，金世宗虽极力保存女真文化

① 阎胡秋原：《丁零·突厥·回纥：其起源，其兴衰，其西迁及其文化史意义》（台北：世界文化出版社，1961），页 29。
② 钱穆：《宋以下中国文化之趋势》，《思想与时代》，31 期（1944），页 22。
③ 姚从吾：《国史扩大绵延的一个看法》（代序），《东北史论丛》（台北：正中书局，1959），上册，页 1—26。

和语言，但是到了金章宗的时代，汉化程度已深，并允许汉人和女真人通婚①。所以中华民族的发展是以汉族为主体、华夏文化为核心的共同演进，并强化了共同的心理状态和国家感情②。但汉化并不是全面的，实有程度的深浅，而深浅取决于个人所属种族、社会阶层、家庭背景与居住中原时间之长短；不过，即使汉化程度最高之家族，与汉族融为一体时，并未完全放弃原有之族性认同③。其实，欧立德并不像柯娇燕一样，完全否认汉化，只因他所理解的汉化是"全盘汉化"，连满族都不见踪影了，所以才认为"汉化"一词不妥，他更不理解既然汉化，为何到了晚清又引发强烈的反满风潮④。晚清反满、排满，因反其民不聊生之政，而执政者是满族皇帝，故而借族群议题以收革命宣传之效。

民族与文化的交涉与融合历时数千年，奠定并巩固了今日中华民族及其传统文化的基础。然而由于中古以降，胡族在政治上与军事上的崛起，使汉族起了自卫性的反应，强调华夷之辨的儒家文化观，更由于两宋的积弱，自卫思想更形牢固，遂把境内各民族间的关系视为狭隘的胡汉斗争史，一意刻画阴暗

① 陶晋生：《女真史论》（台北：食货出版社，1981；稻乡出版社，2003）。英文原著见 Jing-Shen Tao, *The Jurchen in Twelfth-century China : A Study of Sinicization*(Seattle：University of Washington Press，1976)。

② 参阅宋德金：《金代女真的汉化、封建化与汉族士人的历史作用》，《宋辽金史论丛》，第二辑（北京：中华书局，1991），页 325。张博泉等：《金史论稿》（长春：吉林文史出版社，1986），页 21—22。

③ 参阅萧启庆：《元代四大家族》，《元代史新探》（台北：新文丰出版社，1983），页 276、208—209。萧启庆：《蒙元时代高昌偰氏的仕宦与汉化》，《元朝史新论》（台北：允晨文化出版社，1999），页 296。

④ 参阅 Mark C. Elliott, *The Manchu Way : The Eight Banners and Ethnic Identity in Late Imperial China*, pp. 26-28。

面而深具排斥性。既把文化的互动与凝聚，简单地称为汉化；将双向的吸纳与凝聚，认作单向的涵盖或取代，必然会产生所谓"大汉沙文主义"的疑虑。至清季革命，为了推翻清政权，更不惜强调种族主义，视满人为异类而外之于中国，无意中形成根深蒂固的汉族中心论。影响所及直至民国以后，章太炎界定中华民国，犹以狭隘的汉族与汉文化为标准，遂以蒙、回、藏皆非中国①，无意间太阿倒持，授"新清史"论者以柄。但诚如梁启超所说，"即吾汉族，果同出于一祖乎"②? 汉族文化中的自我中心论述，并不能改变客观的事实。严格而论，今日之中国已无纯粹的汉族，也无纯粹的汉文化。有之，唯以汉族为多数的中华民族，以及包含各族文化的中华文化。中华民族及其文化在近现代则遭遇到境外西洋民族及其文化的冲击与交流，又发生新一轮中西文化的交融问题。

中国为多民族国家，并非始于近现代，可上溯春秋战国时期。既然为多民族国家，统治者属多数民族固然是中国，由少数民族统治也是中国，何况统治阶层并非同一民族，而被统治阶层亦非尽是其他民族。就清而论，初居渤海建州，元亡后归附明朝，立建州卫。清开创之祖努尔哈赤曾为建州左卫酋长，受明恩遇甚隆，并曾朝拜明廷三次，进龙虎将军称号，具见《明实录》③。然则清原为明代中国之一部，及其

① 见章太炎：《章太炎全集》(上海：上海人民出版社，1985)，第4册，页256—257。
② 语见梁启超：《饮冰室文集》(上海：中华书局，1926)，第34册，页21a。
③ 据《朝鲜实录》与《明实录》所载，引自孟森：《清代史》(台北：正中书局，1960)，页8、11。

雄长辽东，始建国称号，入关与明争中国之天下，并取而代之，为中国之主。如孟森所言，清帝"私厚于满洲，则亦与明之私厚于宗室等也"，而清之治理中国承继历史传统更胜于明①。清为中国之一朝代又何须费词，然晚清革命排满，视之为"异族"，故而"新清史"论者遂称清代为"外国统治"（foreign rule），作为中国少数民族之满族竟是外国人矣，岂其然哉？事实上，清统治者于19世纪以中国抗拒西方列强与日本诸外国之入侵，岂不善哉！大清帝国为中华帝国之延续，岂不然哉！

〔汪荣祖，美国弗吉尼亚州立大学
荣休教授（Professor Emeritus）〕

---

① 孟森：《清代史》，页18。

二、"新清史"与南北文化观

杨念群

汉化论与满洲特性论争议之所在

"新清史"此一提法的出现和渐有影响,无疑可以追溯到何炳棣和罗友枝(Evelyn S. Rawski)两位教授有关清朝统治与汉化关系的争论,对此争论学者已多有评述。本文想要揭示的是,从政治地理的角度观察,罗友枝所谓"以满洲为中心再度定义中国"的史观基本以横向的"东北/内亚"基线为主轴,试图纠正的是各朝皇家统治必须以儒家正统思想为核心资源的观点。这个观点恰恰建立在以"南/北"基线为主轴的政治地理框架之中。两方各据某些局部史料展开论述,似均有充分之历史理据,又似乎各有可议之处。

罗友枝刻意阐明清朝统治的两个特点:一是清朝领土开拓的动力来自于长城之外的政治因素,而非汉族士大夫所主导的政治领域;二是满蒙同盟对于满洲统一中国起到至关重要的作用①。从第一点理由来看，罗友枝显然混淆了领土拓展与政治治理之间的区别，因为如从领土拓展的动力和范围而言，元代的疆域扩展能力显然远胜于清，但在治理技术方面却远逊于后者，因此，拥有超强的空间扩张能力显然不能作为清朝统治的特质加以看待。满蒙联姻确是清朝实施统治的一个重要特点，显示出在族群治理方面的多元包容性，不过对蒙人的包容仍是多元族群治理政策中的一元，不能以此认定满蒙关系是清朝统治的唯一基础。由此判断，以"东北/内亚"为主轴的东西横向观察视角亦应被视之为多元视角中的一个视角，而非唯一的选择。

实际上，罗友枝在她的近著《清代宫廷社会史》中，一方面强调清代宫廷生活所拥有的"异族"特性，另一方面也不得不承认，宫廷中属于象征统治意义的各种仪式虽然呈现出一种包容性，但在主体仪式的选择和实施上却仍以儒家仪式为主。因此，在罗友枝的著作中，往往会出现前后矛盾的地方。比如她在描述清廷礼仪的类别时，虽然承认儒家礼仪在清廷政治运作中的重要性，但又特意提醒说，儒家礼仪永远不可能成为征服者所建国家的唯一礼仪。统治者决心要维持独立的文化特性，就必须要有独特的礼仪与这个特性相匹配。国家级礼仪会不断演变，以满足帝国不断变化的要求，并创造不同的象征体系以教育不同的臣民，比如清朝奉行的与萨满教和藏传佛教有关的政策及其实践就是证明。

---

① 罗友枝：《再观清代：论清代在中国历史上的意义》，载刘凤云、刘文鹏编：《清朝的国家认同："新清史"研究与争鸣》(北京：中国人民大学出版社，2010)，页 1—18。

罗友枝是想要表达，与其他的宗教仪式的多元性作用相比，儒家礼仪未必是清朝君主最重要的统治手段。但是在她的著作中我们却看到恰恰相反的情景。尽管书中辟出专章探讨萨满教和藏传佛教在宫廷中的作用，我们却发现，其发挥的功能完全无法和儒教礼仪相媲美。例如罗友枝在叙述萨满教的仪式源流时虽然强调其与满洲兴起时的早期皇家祭礼有密切的关系，尤其是堂子祭礼的仪式一直从努尔哈赤时期延续到清朝入关以后的统治时期。并指出，堂子祭礼的一部分与故宫坤宁宫的祭礼有重叠的地方，由内务府神房负责。但她提供的一些史料和研究证据却恰恰表明了萨满教处于不断衰落的过程。因为她无法证明清初的几位皇帝到底在多大程度上还重视和强化萨满教的礼仪作用，除了康熙帝在 1670 年、雍正帝在 1723 年偶尔主持过这类萨满教的祭礼外，后来的皇帝如乾隆帝只是在《礼部则例》中似乎语焉不详地记载过亲自参加祭礼的事实，却无法证明这种参与是常态的。反而有事实验证萨满教祭祀传统正逐渐消失，如书中所说，满族的祭文已很难读懂，乾隆帝不得不亲自审读并纠正王公呈上的家庭祭文。萨满教的仪式也逐渐糅合了佛教与民间宗教的做法，用焚香、供奉祭品、斋戒和叩头等替代降神附体等恍惚迷离的成分。

最后罗友枝自己都承认，乾隆帝保存满族萨满教仪式的目标没有完全得到实现，甚至盛京的祈祷者也不得不请人教他们学习满族萨满教的祭文，以备在 1818 年嘉庆皇帝预定巡幸盛京期间的大型祭祀仪式上祷告。与之相对比的是，清朝皇帝却愈来愈频繁地采用汉家的祭礼仪式。多种敬祖祈雨仪式的举行几乎到了繁琐的地步。皇帝还大量派员去主持各种祭天祭祖的仪式，这些仪式都是从汉人祭祀传统中模仿学习而来①。

当然，何炳棣教授维护的汉化论似乎过度强调宋代以来形成的以江南为主轴的儒学传统，重视南/北纵向历史格局对清朝统治的制约作用，特别是过度强化汉人族群的文化塑造作用，难免授人口实，甚至难以自圆其说②。在清朝的统治框架中，江南传统仍然是多元中的一元，若只标示出这个单一传统，也难以概括清朝统治的全部特征。在我看来，似应结合"东北/内亚"与"南/北"双重历史视野，才能达致合璧的解释效果。

"新清史"还有一个观点甚有影响，即认为汉化论是近代民族主义的建构。"新清史"的代表人物都认为，以汉族为主体的族群意识和与之相应而构造出的儒家文化谱系成为衡量历史演化的尺规，是非常晚近的事情。具体仅能追溯到1912年清朝覆灭以后，特别是梁启超受社会达尔文主义的影响，向中国读者引介了种族和民族的概念，汉族一词成为中国的政治语汇。孙中山更强调汉族作为单一族群对中国历史的塑造作用。20世纪20年代傅斯年等人也试图把中国历史说成是汉族的历史。据罗友枝认为，这类被建构起来的民族主义话语是其他地区随着19世纪欧洲民族国家之后崛起的，清朝的统治范式不是民族国家，统治的目标不是构建一种民族认同，而是允许多元文化在一个松散的人格化帝国之内共存。近代意义的民族性并不存在，同时国家也不想去创造这种民族性③。

---

① 参见罗友枝著、周卫平译：《清代宫廷社会史》（北京：中国人民大学出版社，2009），页294—298。

② 参见何炳棣：《捍卫汉化——驳罗友枝之〈再观清代〉》，载《清朝的国家认同："新清史"研究与争鸣》，页19—52。

③ 罗友枝著、周卫平译：《清代宫廷社会史》，页2—6。

持有"新清史"观点的学者之中，比较极端的主张是把清朝和中国历代王朝的统治区分开来，甚至主张把清朝本身和中国区别开来，因为既然中国都有可能是近代的一种建构形式，那么，清朝历史的解读也应有自身区别于中国的特点。"满洲帝国"不能等同于中国，中国仅是其中一个组成部分①。

这种判断完全忽视了早在两宋时期，儒学正统思维中的夷夏之辨就已在相当程度上支配了以后王权统治的基本思维走向。这个历史观的形成显然不是从近代才开始的，如果强调汉化论的后起性，难免不会给人极力以"东北/内亚"的一元论去消解宋代以后形成的"南/北"历史观的印象。近代以来满人特性消失的速度越来越快，倒是反向证明了并非完全是一种话语建构，而是发生在日常生活中的一种活生生的历史现象，至于影响程度如何倒是可以讨论的。

另有一些"新清史"学者在表述中，也流行一种以"东北/内亚"的地理视野为核心来解释清朝的统治。他们认为，以往的清史研究往往把西北边疆地区仅仅视为中原与江南等文明中心的边缘地带。他们认为，清朝有别于以往朝代的特点即在于以西北疆域的控制为主轴所建立的统治根基，正如司徒琳（Lynn A. Struve）所说："亚洲历史的学者长期以来，注意到西起伏尔加河，东至兴安岭，在英文中被称为中亚、中欧亚、内亚或内欧亚的草原、沙漠和森林地带，在横贯世界最大大陆的地理政治和军事历史，以及技术、宗教和物质文化的传播上，扮演了极为重要的角色。但是大多数人仅从外欧亚的某一个文明中心

---

① 欧立德：《满文档案与新清史》，载《清朝的国家认同："新清史"研究与争鸣》，页391。

（如中国）的视角，来研究这一个广袤地区，或仅将重点放在一个特别的时期或民族群体上。"①这直观地表露出想以"东北/内亚"主轴的模式来界定清朝统治的正统性。

另一个更直接的表述则是："在清鼎盛之时，它并不视中原为他们帝国——远为辽阔的区域，包括了亚洲腹地的疆域：蒙古、西藏、东北和新疆——的核心，中原只是一个部分而已，尽管是一个非常重要的部分。"②

另有学者干脆把清朝理解为一种征服王朝，在这样的认知下，必然要强调族性即满洲特性的关键作用③。如张勉治虽认识到了忽略江南地区而过度强调内亚作用的局限，却仍认为康熙、乾隆的南巡活动是旗人的事务，不过是西北征服战争即西师的一种准备或呼应行动而已，极具北方游牧民族的特点，是清朝内亚统治方式在江南地区的再现。这种仍以"东北/内亚"为主轴观察清朝的视角，完全忽视了清朝在价值观与正统性的构建方面与前朝的延续关系，以及以汉地为中心进行治理的统治策略，颇有悖于历史解释的完整性④。

---

① 司徒琳：《世界史及清初中国的内亚因素——美国学术界的一些观点和问题》，载《清朝的国家认同："新清史"研究与争鸣》，页 324。
② 卫周安：《"新清史"》，载《清朝的国家认同："新清史"研究与争鸣》，页 396。
③ 最典型的例子是濮德培的观点，他把康熙帝西征准噶尔比拟为类似西方国家征服近代殖民地的过程，参见 Peter C. Perdue, *China Marches West ：The Qing Conquest of Central Eurasia*（Cambridge, Mass.：Harvard University Press，2005）。
④ 参见刘文鹏：《从内亚到江南——评张勉治〈马背上的王朝〉》，载《清朝的国家认同："新清史"研究与争鸣》，页 355—375。

清朝对"大一统"历史观的重构
与"夷夏之辨"理念的复归

  满洲皇帝与宋明以来的各朝帝王的不同之处在于强调大一统的重要性，这在雍正帝的《大义觉迷录》及乾隆御制诗文集里都有反映，两位君主都认为，清朝远超前代的功勋主要就表现在大力拓展疆域和维持其治理这个方面。雍正帝就曾讥讽以往朝代过度拘泥于族群区隔，妨碍国土统治区域的开拓。他说："自古中国一统之世，幅员不能广远，其中有不向化者，则斥之为夷狄。"对此僵硬的夷夏观必须予以驳斥和澄清，他自诩说："自我朝入主中土，君临天下，并蒙古极边诸部落俱归版图，是中国之疆土开拓广远，乃中国臣民之大幸，何得尚有华夷中外之分论哉！"[1]乾隆帝在《大清一统志序》中也得意地宣称"上天眷顾我大清"，才使得"大漠蛮陬，咸隶版图，置郡筑邑。声教风驰，藩服星拱，禀朔内附，六合一家。远至开辟之所未宾，梯航重译，历岁而始达者，慕义献琛，图于王会。幅员衮广，古未有过焉"[2]。这种自信确实为历朝君王所罕见。

  构建大一统论述与满人从东北源起后开疆拓土的经历有关，满人崛起时与西北蒙古残余势力打交道较多，入关后仍维系着重要的联盟关系，故必然把西北作为经营重点，但并不意味着

---

[1]《大义觉迷录》，卷1。
[2]《大清一统志序》，《清高宗（乾隆）御制诗文全集》（北京：中国人民大学出版社，1993），第10册，页395。

其所谓满人特性就会由此发挥决定性作用。在大清统治格局的内部一直残存着以"南/北"文化地理视角规划自身历史观的群体意识，与清朝以"东北/内亚"为主轴的大一统历史观之间一直存在着紧张关系。直到晚清革命前夜，清朝北方正统与南方的革命党端之争背后，实际上都存在着"东北/内亚"横向历史观与"南/北"纵向历史观之间的较量，革命党揭橥的正统旗帜恰恰是对清朝大一统历史观的颠覆，这种颠覆对于传承宋明以来的夷夏之辨正统论具有正当性，但就疆域传承的整体格局而言就未必恰当。例如孙中山与章炳麟都强调十八行省为民国疆土范围，革命党早期纲领中多有类似反清复明的口号就与明末士人的反满话语有着千丝万缕的联系，其实蕴藏着以"中原/江南"这一南北文化观为主轴对抗"东北/内亚"历史观的意图。

今年纪念清帝逊位一百周年，有学者发现只有经过清帝逊位这个仪式和逊位诏书的颁布才使得民国正式得以继承清朝大统，而删除了革命党反叛谋逆的罪名，其实在共谋民主建国的过程中，也暗藏着以"东北/内亚"模式还是以"中原/江南"模式为立国基础方略的较量。革命党源起于南方的草根阶层，全赖南部会党以血搏命和海外侨民的慷慨捐献才得以立足，颇似当年江南沿海反清复明遗脉潜流的再现。革命党言论屡指满人为胡虏，也是故意以"中原/江南"的纵向反叛传统为自己定位。即使是一些学者如刘师培还是沿袭了宋明以来的"中原/江南"为主轴的历史观，他在讨论南北学术之别时基本上把南方看作是后起之文化渊薮，而北方则为文化蛮野之地。如他探讨南方学术日昌，北方学术瞠乎其后的原因时说："盖并青雍豫古称中原，文物声名洋溢蛮貊，而江淮以南则为苗蛮之窟宅。及五胡构乱，元魏凭陵，虏马南来，胡氛暗天，河北关中沦为左衽，积时即久，民习于夷，而中原甲姓避乱南迁，冠带之民萃居江表，流风所被，文化日滋，其故一也。"①这完全是夷夏之辨传统舆论的表述。

刘师培一方面说"金元宅夏，文藻黯然"，评价"大抵北人之文，猥琐铺叙以为平通，故朴而不文，南人之文，诘屈雕琢以为奇丽，故华而不实"。明显已划分出南北优劣的分际，再看下面这段说南方学者"咸负聪明博辩之才，或宅心高远，思建奇勋，及世莫予知，则溺志清虚以释其郁勃不平之气，或崇尚心宗，证观有得，以为物我齐观死生齐等，故济民救世矢志不渝。此心性事功之学所由咸起于南方也"②。朱谦之在《文化哲学》一书中也强调广东是近代科学和革命的策源地，基本上也可以看作是"中原/江南"模式的翻版③。可见南方（具体说是江南）是中国文明中心的印象显已根深蒂固。

其实在一些清朝遗老的印象里，南北对立在清朝统治期间也一直存在，这与清朝帝王实行以南方经济滋养北方的经济政策有关，比如恽毓鼎就认为，清朝皇帝有意在收税政策方面向北方京师附近倾斜，而江南地区则成为其榨取财富的重地，遂造成了南人长期不满，导致南北情绪的对立。他说："圣祖垂谕天下，永不加赋。故吾直赋额，较诸江南之苏、松、常三府，只四十分之一。固由土薄民贫，而皇仁之施及畿疆者，亦最厚

---

① 刘师培：《南北学派不同论》，载《清儒得失论：刘师培论学杂稿》（北京：中国人民大学出版社，2004），页227。

② 刘师培：《南北学派不同论》，载《清儒得失论：刘师培论学杂稿》，页236。

③ 朱谦之：《文化哲学》（北京：商务印书馆，1990）。

矣。南人之掌邦计者,久抱不平,然在前朝,无人敢违祖训而冒大不韪,是以吾民食其德者二百余年。"恽毓鼎又指出,民国初建时,这一政策发生变化,南方革命党在建立新政权后,却并没有改变民不聊生的面貌。"民国初建,其大声疾呼以歆动吾民者,铲专制之淫威,享共和之幸福。观于今日,淫威耶?幸福耶?抑古今开国历史,无不以反苛政、免重征为收拾人心第一义。乃横征暴敛,更甚于前,密似牛毛,苛逾虎猛,朘脂膏,罄锱铢,以供暴兵冗官之唲嗫。"①恽毓鼎显然是站在清朝遗民的立场发言,但确实揭示出南北认知差异在革命言论中所起的微妙作用。恽毓鼎甚至对南人的相关历史著述的真确性都表示怀疑。如他评述一位无锡人所撰《清代野史》时,就说"然近世南人,不满意于清室帝后,已成一种流行性,此从古未有之变态。盖一代之亡,学士大夫作为笔记,追述先朝故事,多寓忠爱之忱,独近世不然,故余于此类纪载,不乐寓目,以其本源先不正也"②。可见晚清北人官僚对南人的成见并非是空穴来风。

然而,革命党和近世学人过于强调南方文化的核心地位以及突显夷夏之辨的分界,也会在民初遭遇困境,那就是如何与清朝统治的合理之处相互衔接以确立自身的合法性。清朝常常引以为傲地把大一统理念作为建构正统观的重要资源,此理念成立的基础乃是在于清朝收复了西北边疆地区,使之纳入中国治理的版图,通过对准噶尔蒙古的征伐,以及运用宗教信奉等

① 恽毓鼎著、史晓风整理:《恽毓鼎澄斋日记》(杭州:浙江古籍出版社,2004),第 2 册,页 723—724。
② 恽毓鼎著、史晓风整理:《恽毓鼎澄斋日记》,第 2 册,页 727。

手段与蒙古和西藏进行联盟，赋予了大一统以新的涵义。雍正与乾隆皇帝曾经多次强调，清朝有别于前朝的特点即在于拥有前所未有的疆域并能够实际治理。大一统观念的落实实际上是以"东北/内亚"为主轴的表述，因为只有在这条线索中才真正实现了多民族国家的统一格局。清朝对广大疆域的控制成功打破了数千年游牧文化与农耕文化之间牢不可破的界线，而"中原/江南"历史观的主轴则恰恰强调农耕与游牧两种文明的对峙关系。南宋以后儒家在论证疆域狭小与文化优劣之间的关系时，也是突出以文化的优势弥补在疆域占有上的不足，其实是一种带有心理补偿性质的论说，它慢慢强化放大为夷夏之辨，渐渐成为"中原/江南"历史观构造的基础论说模式。也就是说，辛亥革命以后革命党人如果要维系政权的合法性，就必须调整自身的政治表述和立场，不能仅仅从南宋以后沿袭下来的夷夏观的角度看待清朝的统治特征，不能仅仅强调和清朝的断裂关系，或者采取一种简单粗暴的民族主义话语，而必须把如何继承清朝大一统的疆域格局和治理技术纳入民主建国的视野。孙中山在民国初建过程中开始改变思路，宣导五族共和，就是充分考虑了对清代藩部的态度和治理问题。

如何融通"东北/内亚"模式与"南/北"纵向史观

由以上分析可知，"东北/内亚"模式与"南/北"纵向历史观分别昭示了清朝统治的两个面相，故意强调其中一个方面而有意忽略另一方面似乎都难以复原清朝统治的全貌，因此，要与

"新清史"进行有效对话，必须具备一种南北东西的整合视角，不可只刻意突出西北疆域开拓的重要性，当然也不宜依凭旧有的夷夏区隔的南北观狭隘地估计清朝统治的得失，必须采取一种动态的历史眼光。唐宋以前，中国文化的重心无疑起源于西北地方，后逐渐延伸至东部齐鲁一带，之后很长一段时间呈现出的是从东到西横向移动的态势，南方如两湖岭南等地区基本属于蛮荒之地，唐以后的文化大迁徙是随着经济中心的移动而发生的。南宋定都杭州以后，文化重心与政治中心开始整合于南方，明成祖朱棣把政治中心重新迁移至北京，致使文化中心与政治中心出现分离的状态，但总的演变态势是文化中心仍滞留在了南方。

除清朝以外，宋朝以后的各朝一直与北方各民族处于对峙状态，而且领土屡遭侵蚀逼压，早已失去了实现疆域大一统的信心，故才有意强化文化的作用，夷夏之辨盛行于南宋之后，对大一统观反避而不讲，大致是以此缘由为背景的。儒学的发展格局亦多少受文化重心迁移的影响，北宋以后儒学渐有地域化的演变趋势，但就影响力而言，南儒渐胜于北儒亦是相伴的一个大势。如南宋朱熹及明代之陈白沙、王阳明一系南儒均持后来儒学牛耳，成为构造宋明新儒学的主流力量，即可证明此言不虚。虽然关学、洛学在北宋仍称极盛，但南学在后来的正统学术中亦略占上风。而且就宋学的支配力而言，基本上构造出了以后各王朝的政教基础，从制度演变的进程观察，科举制实行以后，也是江南地区人才的中举率要远高于北方地区。中国政教关系趋于合一的历程肇始于宋朝，至明清时代始成型。宋代朱熹开始放宽民间祭祀范围，明代进入全面实施阶段，为基层宗族的生长发达奠定基础，但直到清代，族权控制范围才最终由皇帝及中层官僚加以认定。乾隆曾经三令五申命一些中层官僚如陈宏谋等在基层实施教化，认为教化与经济层面的养育密不可分，所以满人皇帝的教养观基本上沿袭了宋明以来的儒学传统是毋庸置疑的①。

宋以后出现的夷夏之辨强调种族对峙大于文化涵容的力量，民族意识空前高涨，这与边疆民族如辽、金与汉人王朝交往的方式已发生变化有关。唐以前的夷狄扰边均不是以立国为目的，而是采取外部边界战略，即通过战争敲诈中原王朝，但辽、金则是二元政体，开始以定居社会的方式立国与宋朝对峙抗衡，逼使宋人称侄、称臣，靖康之耻对士人心理的震动尤大，在历史书写中大部分儒生虽有意规避此点，仍视金人击宋为寇边，却也透露出承认现状的心虚态度。有意思的是，乾隆皇帝作为金朝继承者读到这段历史时，就特意嘱咐史馆馆臣把寇字一律改为侵，以免混淆了君臣大义，认为宋朝早已向金朝称侄、称臣，哪有君寇臣的道理。寇改为侵之后，乾隆帝认为如此书写表示两国互伐，遵循的是《春秋》尊王的本义。对元朝的态度也应该遵循以上的书写体例，乾隆帝认为元顺帝逃往大漠时，经常有复兴之志，虽然国统已失，但帝系犹在，他与新建立的明朝的冲突就不能用寇字来加以形容，就像当年宋朝虽向金朝称臣、称侄，南下行动也不可以寇视之的道理是一样的。乾隆帝

---

① 关于清朝皇帝对教养观的继承，请参阅拙文《清朝帝王的教养观与学者型官僚的基层治理模式：从地方官对乾隆帝一份谕旨的执行力说起》，载杨念群主编：《新史学》（北京：中华书局，2011），第5卷，页105—145。

认为,《明史》的书写却沿袭了旧的体例,对元兵的行动均冠以寇字,如此书写当然不妥,故应该按照金、元、宋相伐之例加以改正①。乾隆帝对历史书写规则的强调实际上直接挑战了南宋以来流行的历史观,特别是朱熹在《资治通鉴纲目》中确立的南北夷夏观,同时也是对南宋士人依据"道统"所建立起的对"异族"政权性质的判断所做出的一种强力反弹。

另一个例子是,当有馆臣揣摩乾隆帝心理,在确立王朝正统性时,拟把清朝的正统与辽、金朝相衔接时,乾隆帝明确指出,必须遵从元代杨维桢的书法,清朝应该与宋、元、明等皇朝正统相接续,而不是仅仅被定位为一种少数族群的统治。

辽、金间出现南北朝式的对峙格局,使得宋朝有了对等外交和边界认定的压迫感,即意识到一个明确立国的"他者"的存在。出现所谓欧阳修说的"四夷不服,中国不尊"的局面。《春秋》学与夷夏之辨的盛行即与此状态有关。甚至为了为南方争夺正统,在历史书写方面的争夺也日趋于白热化。如宋人书写三国这段历史就一定要强调偏居西南的蜀国居于正统之位,而刻意贬低魏国的地位。从南到北纵向的历史观突出南方正统的观念,在这段历史书写中表露无遗,如果再进一步寻找远因,对南方政权居于正统位置的认知也可追溯到科举制尚文绌武风气的形成等多重复杂因素。

有学者指出,有两个现象值得注意:一是朱熹认为穿胡服是个耻辱,甚至批评皇帝的领衫与靴子都是胡服风格,表示用复古来辨华夷,这是以往从未有过的现象,连唐朝李氏都称天

---

① 《晋主闻辽将南侵还东京目》,清高宗撰、刘统勋等编:《评鉴阐要》,卷7,文渊阁《四库全书》,第694册,页508。

可汗，以着胡服为荣。用衣裳界定自己的中国身份是个大变化；二是宋元之际大批出现了遗民群体，他们需要通过标明自己的汉人身份来表示对中国的认同意识，如著名的遗民张岱就说过南人归南，北人归北这样的话①。中国与汉化被紧紧粘连在了一起，同时又以汉文化的儒者建构道统的优势来确认身份，这个变化也是以往所没有的。道统的谱系建构也有南北格局的考虑在内，这也是儒学地域化的真正涵义之所在②。

关于辽、金与其继承者清政府的统治特性与其他夷狄政权的区别，巴菲尔德曾有所分析，他问道，同样被统称为夷狄胡人，为什么蒙古建立起了空前辽阔的大帝国，却不能有效地控制中原与江南地区，而满人却成功地对汉地实施了实际的管理，其原因何在？在巴菲尔德看来，东北地区由于其政治生态因素，成为当"本土王朝"因为内乱而崩溃时"外族王朝"的滋生地③。

从生态角度而言，蒙古地区与中原容易加以区分，东北和西域地区则包容了不同民族的生态区域，有游牧民族，又有定居民族。当中原与蒙古地区的政权强大时，两大力量就会争夺对这些地区的控制权，而当中原与草原周期性地陷入混乱时，边疆地区就形成自己的国家，这些国家融合了中原与游牧社会的文化因素。北宋的辽、金与明代的满洲地区均是如此④。

因此，对辽、金、满洲王朝统治的解释显然会异于对蒙古

① 张岱：《皇华考序》，《娜嬛文集》(北京：故宫出版社，2012)，页44。
② 参见葛兆光：《宅兹中国：重建有关"中国"的历史论述》(北京：中华书局，2011)，页41—63。
③ 巴菲尔德著、袁剑译：《危险的边疆：游牧帝国与中国》(南京：江苏人民出版社，2011)，页14。
④ 巴菲尔德著、袁剑译：《危险的边疆：游牧帝国与中国》，页21。

崛起和统治策略的解释，更不可强化其满洲特性的影响力。换言之，与单一民族蒙古族作为纯粹的游牧民族对定居民族的征服帝国有所不同，辽、金与满洲政权本身的社会结构中就已包涵着定居民族的诸多文化因素，所以在其统治过程中早已习惯于兼顾中原定居文化的要素，而不可仅从单一的本民族社会角度出发考虑问题。

作为东北民族的满人与中原的关系，完全不同于早期中原王朝与北方民族如匈奴、鲜卑等的关联式结构。匈奴等纯粹游牧民族不知道定居为何物，也无法理解农耕民族的行政治理和文化体系的妙处，故他们只是依靠劫掠获得生活必需品，游徙特性使其甚至不知城市的功用。故其侵扰内地仅是一种短期的敲诈行为，并无侵占汉地的企图，也不习惯对定点进行统治的中原定居策略，因此，汉地分裂成割据状态并非其所愿，而是希望有一个统一的帝国提供财源以成为榨取物件。汉人也洞悉此动机，所以历代王朝主和派与主战派的分歧就在于他们会考虑到用财币笼络的成本未必高于军事征伐。早期的军事王朝虽然强大有力，却常常旋起旋灭，就是因为缺乏对底层民众的管理经验。后起的边疆国家如辽、金和大清，就积累了较为丰富的统治中原定居民族的经验，到清朝入主中原以后更是被推展至江南和全国，也正是因为其发展出了一种将部落军队与汉式官僚体制结合在一起的政体①。

较早的鲜卑慕容氏在东北自立为燕王，即吸纳汉人官僚进行统治，随着汉人移民的不断涌入，燕王慢慢成为牧民与农民的双重统治者。当然，这个影响是双向的，如唐朝李氏家族受

———————

① 巴菲尔德著、袁剑译：《危险的边疆：游牧帝国与中国》，页126。

突厥风气的影响就是个例子，延续的是北魏的体制。

辽国继承了慕容鲜卑和北魏的体制，基本上是一种二元化的组织系统，而且呈现出了南北混融的格局，因为契丹太宗的官僚体系就已开始官分南北，以国制治契丹，以汉制治汉人。官职也分南北院，北院治部族属国之政，南院治汉人州县租赋，所谓"因俗而治"，即是此意。金朝统治华北后，因统治区内的汉人人数比例比金人要高出许多，不得不大规模任用汉人谋臣到组织机构之中，东北作为其源起地反而变得次要了。清朝延续了此一统治路径，当然在对付草原部落时，显然这个王朝比纯粹的汉人王朝有更多的实际经验。

从历史上看，以少数民族身份入主中原并把势力延伸至南方实施统治的王朝只有元、清两朝。比较这两个朝代的统治模式，有助于我们理解上述"二元化"治理模式的实施程度和效果。游牧与农耕的"二元性"体现在女真和蒙古早期的统治中就呈现出相当大的差异性，这是由其对居住环境采取了完全不同的适应策略所造成的。蒙古人长期过着游牧生活，常常居无定所，其治理国家的方式又称"行国"。而满人则源自城郭土著射猎之国，在努尔哈赤崛起之前就已学会各筑城堡拥兵自守，满人崛起之初所居住的乌拉城、辉发城和叶赫城都是典型的城堡。明朝为了与之对应设辽东都司，也遍设城堡、墩台与之抗衡，这种相互此消彼长的对抗态势正说明女真诸部对城池建设的重视，他们多以城池攻防为中心与明朝对峙的格局，与蒙古骑兵在草原上随意飘忽驰骋的作战方式显然不同，习于构筑城郭加以守御的军事思维也可以看作是八旗入关以后驻防各地模式的发轫表现[1]。

---

[1] 定宜庄：《清代八旗驻防研究》，页9。

努尔哈赤也曾意识到，满人能够与蒙古对抗主要依赖的就是城池的修筑与固守，后金尤其重视在军事要冲修建城堡要塞，八旗将士环卫国都赫图阿拉周围，平时耕种土地，战时即从各牛录中抽调壮丁出征。这就不是仅从军事上考虑，而是逐渐形成了以军事力量护卫城郭周边农耕区域，以便实现"设兵戍守，以护耕种"的耕战合一构想。这些想法往往受到汉人官员的提示，满人开始拥有了据点固守的思维，慢慢改变了以往对城池得而轻弃的旧习惯。皇太极则汲取明朝戍守屯田的卫所模式，凡八旗兵丁驻防处，往往均为最重要的产粮区，就地解决了粮饷问题，使得入关前的满人具备了和以往游牧民族不同的驻军屯田能力①。

有些学者认为，满人在清朝历史中对社会经济层面影响较小，在政治体制方面则影响较大②。就我的理解而言，满人把多民族统合在一个广大疆域之内的能力实超越历代王朝之上，这势必多少会改变前朝以汉人为中心建立起来的统治思维模式。例如对长城以外部族的控制，就采取主动出击而非固守自闭的新思路，破除了汉人王朝总是强调华夷之别的旧秩序，加快了开发边疆区域的内地化进程，证明长城作为自闭僵化象征遭到彻底的废弃，清帝对待周边少数族群也实施了多样的联络策略，如采取满蒙联姻、对藩部首领崇之以显贵高爵、定期轮班宴赐边疆族群领袖等等举措。模糊夷夏之辨的界限实际上也有助于消弭游牧文化与农耕文化之间的差异，使之更加趋于一体化，也有助于拆除游牧、农耕二元化所造成的隔阂与壁垒。

---

① 定宜庄：《清代八旗驻防研究》，页10。
② 杜家骥：《八旗与清朝政治论稿》，页541。

当然，清朝帝王由于受到尊崇显贵家族地位和维护上下等级秩序等旧制度因素的影响，不可能真正实现满汉平等的承诺。就以入官途径为例，满人至少有四条途径比汉人更容易进入官僚阶层。首先，旗人参加科举比汉人有更多的录取名额，满人也可参加单独为他们设置的翻译科考试，获得和汉人同等级别的功名。满人还可通过笔帖式这个特殊的考试管道进入仕途，获得较低职位的官职。这些属翻译科的考试，汉人都被排除在外，满人最后还可通过父辈的荫护或通过捐纳购买功名职位。

清廷对官职的安排也多优先考虑满人的需要，按先后顺序的安排是皇族、满洲旗人、蒙古旗人、汉军旗人、上三旗包衣、汉人，称之为"官缺制"。从官员在人口中的比例而言，官僚机构中一半的高级职位留给前五类人，另一半职位留给汉人，这就是所谓满汉共治的体系，反映出清帝力求在表面上实现满汉一家的企图。当然如果考虑到满人在中国总人口中所占比例过小的因素，这种官员分配的照顾面显然是不均衡的，但毕竟还是在设置原则上体现出了一种追求平等的态势①。

只要和元朝比较一下就可看出清朝汉人与之在入仕途径上的差异。据萧启庆的看法，元廷甄用官员主要以"出身"，而不是以"成就"为标准。中国自隋唐至清代，均以科举制甄选官员，元朝前期未行科举，在中期恢复科举后，由于录取人数甚少，而且名额分配偏袒蒙古、色目人，无法像清朝科举那样起到平衡族群入仕比例的作用。元朝官员的任用主要以世家传承为标准，即依"根脚"的轻重定位。"根脚"指的是一个家族与蒙

---

① 路康乐：《满与汉：清末民初的族群关系与政治权力（1861—1928）》（北京：中国人民大学出版社，2010），页40—41。

古政权的渊源关系，渊源愈深，"根脚"愈大，则子弟入仕机会愈高，前程亦愈广。元朝最高阶层官职几为数十"大根脚"家族所占据，其中有蒙古、色目和少数汉军世家，南人之中并无"大根脚"家族，因此入仕既难，欲求高职更为不易。因此，"根脚"制度蕴藏着族群歧视的意义，与族群等级制相互表里，共同排斥汉人特别是南人于权力圈外①。

所以从南北文化格局的演变角度来看，后人评论元朝是"内北国而外中国，内北人而外南人"，最终导致"深闭固拒，曲为防护，自以为得亲疏之道。是以王泽之施，少及于南，渗漉之恩，悉归于北"②。其中指出南北差异日益加大，由此成为元亡的重要因素之一③。

与元朝相比，清朝在处理满汉关系时显然要明智许多，不但科举考试的名额分配大体遵循明朝旧制，而且其官职安排也呈现出满汉同治的格局。尽管仍残留着偏袒满人的旧弊，甚至于晚清新政进行得颇为顺利时，就是因为出现了皇族内阁事件直接诱发了革命；但从总体上观察，清朝毕竟还是力求兼顾南北文化发展的均衡态势，尽量汲取南方的优秀文化成果，遂才有清中叶盛世的来临。

最后，似有必要辨析一下观察多元族群之间的交流应该采取何种概念的问题。"新清史"兴起后，学者们似乎都有意回避使用"汉化"这个概念，认为它只强调了少数族群单向接受汉文

---

① 萧启庆：《内北国而外中国：蒙元史研究》（北京：中华书局，2007），下册，页467。
② 叶子奇：《草木子》（北京：中华书局，1959），卷3，页55。
③ 萧启庆：《内北国而外中国：蒙元史研究》，下册，页475。

化的一面，而对汉人受其他族群文化影响的方面有所忽略，似对其他少数族群不甚公平。在我看来，在措辞上人们使用"涵化""同化""华化""汉化"等不同表述，实际上都是为了更好地说明不同族群相互渗透包容的过程，但这并不意味着，这种交互渗透就一定是平等的。即以清代对满人习俗的保留过程为例，清中叶乾隆时期就反复强调要强化"国语骑射"的训练，作为保持"满洲特性"的一种必要举措。美国"新清史"学者也往往以此作为清朝以满洲特性治理国家的一个突出表现。然而从实际效果来看，随着八旗驻防武力的衰退和受汉人文化的影响，恰恰是因为国语骑射技艺的严重流失，才导致乾隆帝反复强调其重整的意义。其实在康熙时，驻防八旗兵丁已开始好逸恶劳，渐染奢风，常常沉迷于饮酒、赌博和戏园茶园之中，骑射技艺已慢慢荒疏。

与此同时，满语使用也日渐衰微，乾隆帝刚即位时，就发现引见人员不能以满语奏对。乾隆中叶以后，一些驻防官员缮写奏折开始不用满语，用汉字写奏折已成满人官员的一种风气，甚至盛京一带官兵已不娴于满语而操汉语。满人官员久居汉地，也渐染儒风，驻军八旗将领喜与汉人文士交往。所以，从表面上看似乎满人和汉人的文化处于相互平等对流交融的状态，实则满人的汉化程度显然要远远高于汉人满化的程度。在这一点上，与"新清史"观点相近的满族学者定宜庄也对此加以默认，其著作中单列出一节谈"国语骑射政策在八旗驻防中的破产"，即是证明。

可见，"新清史"虽强调清朝历史经历了南北政治社会和文化的相互"涵化"而非单纯"汉化"的过程，历史事实却反过来证明，即使我们承认存在相互涵化的趋向和态势，也无法否认清朝的立国根基毕竟是从宋代以后以汉人文明为中心所开辟出的传统格局中沿袭下来的，并由此确立了其自身的制度和思想认同的基础。然而我们为了顾及族群平等的政治正确理念，往往有意要回避"汉化"的表述。

从以上的分析可以得知，清朝统治的多元复杂性有别于前代，绝非是一种单一的满人特性所能解释，当然也并非传统意义上的王朝更替模式所能厘清，而是一种复合式的新型统治体系。我们既不可纯粹把清朝完全视为一个常态历史演变的例外，也不可简单视其为汉人王朝统治模式的延续，而似应采取综而论之的态度，本文对"东北/内亚"东西横向模式与"中原/江南"纵向南北观进行了一些综合比较分析，也许能部分验证以上的结论。

（杨念群，中国人民大学清史研究所副所长、教授）

三、清朝的战略防卫有异于
近代帝国的殖民扩张

——兼论英文中国史学界中"欧亚大陆相似论"和"阿尔泰学派"

吴启讷

苏联、西方的中国历史学界对 17—18 世纪清朝边疆政策的定位

自 1960 年代中苏两个共产主义大国反目之际，苏联官方史学抛弃了列宁谴责帝俄扩张的论点。在叙述沙皇俄国从清朝管辖的东西伯利亚和中亚地区攫取领土的历史时，苏联官方史学的标准答案是，自它"十七世纪末起，俄国成为西伯利亚东方边境地带的巨大政治势力，制止了满洲封建帝国向北方的扩张，宣告满洲帝国经济与政治霸权的结束"。俄国的政策是，"和平

开发新地区，并与邻国和邻近民族建立友好关系"①。

苏联官方史学在赋予俄国的扩张行动正当性的同时，必须借由贬斥清朝在东西伯利亚、蒙古和中亚地区的统治与影响，进一步证实和加强其论点。官方学者认为俄国在中亚及西伯利亚所面对的是两种对象：一是自我统治的土著——那些仅向周边强权缴纳实物税的游牧或渔猎部落；二是准噶尔汗国、喀尔喀蒙古诸汗、漠南蒙古部落等与俄、清并列的帝国或国家。两者都不是清朝的边疆。官方学者将清朝与蒙古各部间的互动，界定为"干涉蒙古内政，对蒙古诸汗的独立造成了实际的威胁"②。

然而，苏联人毕竟无法掩盖俄国占领上述地区的事实，为此，他们不再使用列宁用以描述沙皇扩张时使用的"帝国主义"概念，转而将俄国与清朝分别定位为"新兴资本主义"与"封建、野蛮、落后"，这样，马克思和恩格斯的历史目的论以及对"亚细亚社会"的论述便可派上用场。

冷战结束前后，反对斯大林主义的俄罗斯史学界，开始试图立足于较为"中立""客观"的角度，将俄国征服西伯利亚、中亚的行动与利用边界条约从清朝东北与西北夺取大片土地的行动合为一体，定位为"两个帝国""扩张"与"竞争"的结果③。

① 这是苏联官方学者沙斯季娜在《十七世纪俄蒙通使关系》一书中的论述，也是1950年代末起苏联官方史学的标准答案。见 H. П. 沙斯季娜著、北京师范大学外语系七三级工农兵学员、教师译：《十七世纪俄蒙通使关系》（北京：商务印书馆，1977），页12。
② H. П. 沙斯季娜著、北京师范大学外语系七三级工农兵学员、教师译：《十七世纪俄蒙通使关系》，页99。
③ 笔者与俄罗斯汉学家刘克甫（Michael V. Kryukov）的交谈，1998年4月，台湾大学。

《尼布楚条约》(Treaty of Nerchinsk)、《瑷珲条约》(Treaty of Aigun)、《北京条约》(Convention of Peking)的签订,无非意味着一个大陆扩张型帝国在与另一个大陆扩张型帝国的竞争中成为胜利的一方。在涉及中亚的问题上,俄罗斯学者的观点是,伴随 1757 年清朝征服准噶尔汗国,中俄两国一道瓜分了中亚地区。这一论点,开始与近年来英文中国史研究界的相关论述趋近。

在近年来英文中国史研究界出现的若干新的研究趋向中,有一种趋向颇为引人注目。一些学者主张,世界史的写作应当真正地将中国史研究整合进来;或者换一个更动听的说法,即,观察中国,实在应该从世界史的角度切入①。具体而言,有两个主要派别,即"欧亚大陆相似论"(Eurasian Similarity Thesis)和"阿尔泰学派"(Altaic School)。第一派学者主张改变"东方专制"(Oriental Despotism)的刻板印象,放弃"早期近代假设"(Early Modern Hypothesis),改采"欧亚大陆相似论"。这一假说推论,直到 18 世纪末为止,中国的经济动力完全不亚于同期的欧洲②;因此,俄罗斯帝国和清帝国都是"Modern Empire"③。针对游牧帝国,这群学者也主张同样重视它们的自我演进过程,尤其是帝国向农耕地区征税体制与效能的逐渐完善,足以证明

---

① 参见 Peter C. Perdue, *China Marches West : The Qing Conquest of Central Eurasia*(Boston, Mass. : Harvard University Press, 2005), p. 9。

② 参见 William T. Rowe, *Saving the World : Chen Hongmou and Elite Consciousness in Eighteenth-Century China*(Stanford, CA. : Stanford University Press, 2001)。

③ 参见 Peter C. Perdue, *China Marches West : The Qing Conquest of Central Eurasia*, p. 10。

草原政权绝不是在简单重复祖先的模式①。

另一派被称为"阿尔泰学派",他们强调满洲朝廷与清欧亚大陆中心地区共同的语言、文化背景。其中中文读者较为熟悉的罗友枝（Evelyn S. Rawski）等人主张,有清一世,统治中国的满洲统治集团,在接受汉文化的同时,更坚持致力于保持统治民族与居人口多数的汉人臣民的差别②。满洲精英的边疆与国防思维和汉人王朝存在根本的差异,"满洲式殖民主义"在蒙古、新疆和西藏的实施,面临与其他殖民帝国——例如奥斯曼、莫卧儿及俄国相似的控制、扩张、合法性、税收等问题。事实证明——与中国民族主义史学的论述相异——中国既不是西方帝国主义的独特受害者,也不是其漫长官僚文化传统的独特受害者③。

整体而言,"欧亚大陆相似论"与"阿尔泰学派",只是分别从社会经济结构和统治精英两个不同的角度切入;前者检视帝国核心,后者专注于帝国边疆。二者最终殊途同归,都推论出,在结合欧亚大陆中心价值与农耕地区儒家文化后,清帝国的"战略文化"演化成为足堪与17世纪世界最前卫的政治文化相

---

① 参见 Nicola Di Cosmo, "State Formation," in Thomas J. Barfield, *The Perilous Frontier: Nomadic Empires and China*(Cambridge, Mass.: Basil Blackwell, 1989)。

② Evelyn S. Rawski, "Reevisioning the Qing: The Significance of the Qing Period in Chinese History," *Journal of Asian Studies* 55(November, 1996), pp. 829-850. 该文论点引发何炳棣的异议。见 Ping-ti Ho, "In Defense of Sinicization: A Rebuttal of Evelyn Rawski's 'Reevisioning the Qing'," *Journal of Asian Studies* 57(1998), pp. 123-155。

③ 参见 James A. Millward, *Beyond the Pass: Economy, Ethnicity, and Empire in Qing Central Asia, 1759-1864*(Stanford, Calif.: Stanford University Press, 1998)。

拮抗的体系，并直接导致了帝国向大陆中心的扩张①。

基于以上基本认知，以濮德培（Peter C. Perdue）等学者为代表的英文中国史研究界，进一步将清朝征服准噶尔，复于其地建置伊犁将军府之举，视为与 17 世纪以降欧洲帝国主义拓展（海外及陆上）殖民地等量齐观的行径。

2005 年，在麻省理工学院历史系任教的濮德培教授出版了 *China Marches West：The Qing Conquest of Central Eurasia* 一书，成为成功结合"欧亚大陆相似论"与"阿尔泰学派"学说的力作②。该书的主要论点是，1600 至 1800 年间，清帝国通过外交折冲、经济投资以及一系列富于野心的军事战役，扩张到不可思议的空间尺度。满洲统治者战胜了准噶尔汗国，将新疆与蒙古纳入其统治范围，同时建立了对西藏的决定性控制。我们所知道的现代中国，便是这一系列大规模征服的产物③。

濮德培特别强调他选择"China Marches West"作为书名的缘由：一、"中国西进"之举得到当今的中华民族国家的背书；二、其内涵则是清朝——而不是"中国"的征服，因为参与者中鲜有汉人。这样做是为了展示前民族国家时代的特征，破除民族主义论述的盲点，突显从帝国到民族国家的连续性④。

---

① 参见 Peter C. Perdue, *China Marches West：The Qing Conquest of Central Eurasia*, pp. 542-546。

② 参见 Peter C. Perdue, *China Marches West：The Qing Conquest of Central Eurasia*, p. 725。

③ 参见 Peter C. Perdue, *China Marches West：The Qing Conquest of Central Eurasia*, p. 725。

④ 参见 Peter C. Perdue, *China Marches West：The Qing Conquest of Central Eurasia*, pp. xiii-xiv。

濮德培认为，征服准噶尔与伊犁将军府的设置，对于整个中国产生了重大影响。一方面，这一事件改变了中华帝国统治者及其臣民所属世界在政治格局、文化想象、经济生活等方面的尺度，这与欧洲人拓展到美、非、亚洲后对母国产生的效应相似；因而证实，中国的帝国经验——与其他帝国主义相较——并非像以往想象的那样独特。另一方面，这一事件导致中国和俄国瓜分了中亚，影响到整个中亚地区和中亚居民的历史进程，其程度不亚于美国西部拓荒运动对北美原住民的影响。例如仅从对环境影响的角度来看，两者同样为游牧民族提供了火药发射武器，从此改变了中古时代人类与草原的平衡关系①。

继 20 世纪 80 年代英文中国史学界反思"中国研究"中的西方中心史观及研究方法之后，上述"欧亚大陆相似论"与"阿尔泰学派"论述似乎更深入到中国历史的深处，一方面批判将中国历史边缘化、人类学化的倾向；另一方面又进一步批判以汉人和汉文化为中心书写历史的缺失。然而，上述理论也隐藏了某些难以察觉的漏洞和危险。从证实中国经济、政治的自我演进、自我修葺能力的良善动机入手，最终推导出清朝也是 17、18 世纪列强之一的结论；从打破汉文化中心主义迷思的反思性思考切入，最终发现曾熟习游牧渔猎的满洲人，较之汉人农夫更早适应近代资本—帝国主义的运作模式；而清帝国帝国主义行径的残酷与不正当，并不下于西方帝国主义。吊诡的是，这样的结论与三十年前苏联官方学者的俄罗斯民族主义论点若合符节。

对濮德培著作的众多评论与读者回应显示，英文读者的理

① 参见 Peter C. Perdue, *China Marches West : The Qing Conquest of Central Eurasia* , p. 10。

解是，清帝国与奥斯曼土耳其帝国和沙皇的俄罗斯帝国一样，同属早期近代的领土扩张型帝国。他们认为，正如俄国将西伯利亚和中亚作为其殖民地一样，清帝国亦将蒙古草原、天山南北和青康藏高原当作中国的殖民地，对这些地区进行军事征服与政治、军事镇压。中华民国与中华人民共和国因而（从来没有"固有领土"）成为殖民遗产的继承者。由于忽略了清朝的征服、扩张史，（中国）民族主义史学对"中国是西方帝国主义受害者"的描述，显然有误导之虞。厌弃中国民族主义的自由主义者，以及以其他民族主义反对"中国民族主义"的人，也同时从"欧亚大陆相似论"与"阿尔泰学派"学说中，感受到其解构历史目的论的力道与现实意义，推导出现代中国既非古代王朝的当然继承者，也绝非"不可分割"的结论。

本文在此试图以清朝设置伊犁将军府相关的前期历史背景，以及——与俄国东进政策和军事总督体制的比较之下——伊犁将军府运作的特色，针对上述苏联与近期英文学界的观点提出若干辩驳。

清朝征服准噶尔汗国的动机

依照前述各方学者的观点，清朝与俄国一样，都致力于扩大帝国的利益。为此，它们均不惜将其他独立政权视为征服对象，而置道德于不顾，无情地攻打那些既无历史渊源亦无现实威胁的相对弱小者。这样的描述，大致符合沙皇俄国的情形，但却无法解释以下令苏联人不解的状况。

首先是蒙古与满洲王朝的密切关系。在苏联官方学者眼中，准噶尔和喀尔喀蒙古王公"允许满洲人干涉其内政",喀尔喀蒙古使节炫耀齐赛赛音汗(土谢图汗)与博格德汗(清圣祖)的亲密关系等,皆是一种"自相矛盾"的行为①。这样的认知,显示出欧洲文化背景下的学者面对亚洲政治秩序时的陌生感。H. П. 沙斯季娜在她的著作中附加了一幅收藏于莫斯科国立中央古代文件档案馆中、据信是作于 1672 年的准噶尔部某首领的画像,用以佐证俄国人与蒙古人建立的密切关系;但作者却未注意到(或忽略),画中的蒙古王公身着清朝的官服和饰有花翎的官帽②。该作者也无法对俄国使者观察到"蒙古领主与中国人互有好感"的现实做出解释③。

在现实中,准噶尔向清朝称臣,清准双方的关系,即便不是后来(属清政府理藩院权责的)类似清朝与喀尔喀诸部和西藏噶厦政府间那样的"内藩"关系,至少也是类似于清朝与朝鲜、越南、琉球之间的"外藩"关系。即使是雄才大略的噶尔丹继承其兄的汗位,(至少在形式上)也需要呈请博格德汗的核可④。

准噶尔与天山南路的回部(塔里木盆地突厥语穆斯林诸绿洲)、据有蒙古草原的喀尔喀诸部以及包含青海、康区、卫藏在内的整个藏区,都维持政治、经济及文化上的无法切割的密切关系。而瓦剌——卫拉特——准噶尔人攻打喀尔喀蒙古人的关键理由,是后者阻挡了他们——游牧帝国命脉所系的——

---

① H. П. 沙斯季娜著、北京师范大学外语系七三级工农兵学员、教师译:《十七世纪俄蒙通使关系》,页 74—75、112。

② H. П. 沙斯季娜著、北京师范大学外语系七三级工农兵学员、教师译:《十七世纪俄蒙通使关系》,页 93。

③ H. П. 沙斯季娜著、北京师范大学外语系七三级工农兵学员、教师译:《十七世纪俄蒙通使关系》,页 118—119。

④《清实录·圣祖仁皇帝实录(一)》(北京:中华书局,1985),卷 38,页 7。

与中国农业区的贸易通路。准噶尔与喀尔喀同样重视明、清王朝的封号和以"回赐"为名的经济援助，更依赖互市在整体经济中的动力作用。

类似的多边关系使准噶尔与清朝相互关系的性质，远较其与俄国军事总督的关系深刻。

准噶尔的经济，对清朝控制的农业地区以及蒙古、青康藏草原依赖极深。以至于康熙、雍正时期的清朝——基于战略安全考量——曾数度限制准噶尔"贡使"、互市、"熬茶"（对藏传佛教的宗教奉献）的规模。准噶尔对于俄国的火药武器亦深感兴趣，但在 17 至 18 世纪间，其游牧经济从未达到依赖弹药、枪支的地步。

准噶尔与俄国关系的基础，是建立在对付共同敌人——喀尔喀与清朝——的政治意图之上的。

自俄国转型为资本—帝国型的近代军事强国后，包括准噶尔汗国在内的西伯利亚、中亚和蒙古诸汗国，在客观上对于俄国的安全完全不构成威胁；这些政治势力在主观上也完全没有西进侵略、掠夺俄国的意图。

相反，准噶尔汗国不仅长期觊觎喀尔喀部，并且介入其他厄鲁特部落控制的青海、西藏政局，甚至向清朝的核心地区发动军事攻势。

为扩大自己的胜算，中亚草原与绿洲的统治者噶尔丹（博硕克图汗）及其继承者策妄阿拉布坦（珲台吉）更尝试与俄国建立军事、战略同盟①。事实上，1683 年，正当清朝与俄国在黑龙江流域的冲突规模扩大之际，俄国人与噶尔丹完成结盟；

---

① H. П. 沙斯季娜著、北京师范大学外语系七三级工农兵学员、教师译：《十七世纪俄蒙通使关系》，页 154—159。

1688 年，噶尔丹进攻喀尔喀部，为此刻正在贝加尔地区遭受喀尔喀围困的俄军解围；1689 年，噶尔丹以承诺未来将雅克萨地区让给俄军（以重建城堡）的条件，换取俄使戈洛文对俄军军事配合的承诺，于当年和次年进攻喀尔喀及内蒙古，此举迫使清政府考虑避免两线作战，乃放弃了在中俄边界谈判中坚持以尼布楚为界的底线，向俄方大幅让步。这些事实，当然持续影响到康熙、雍正、乾隆三朝对准噶尔的定位。

不仅如此，准噶尔汗国强力介入达赖喇嘛的转世，对标榜以黄教立国并统治蒙古、西藏的清朝政府的合法性，构成了严重的挑战。显然，清朝将准噶尔视为重大威胁，并不是全无根据的想象，也很难被定义为"侵略准噶尔"的欲加之罪。

以中原为基地的"中国"农业王朝所面对的北方游牧集团的威胁始终存在，在战略上控制塔里木盆地的防御需要也就未曾消失。满洲政权转型为中国王朝的过程，在清朝入关后不久即已完成。但莫斯科大公国与继起的俄罗斯帝国所面对的却不是同一个成吉思汗，而是依然只能弯弓指向中世纪旧王朝的子孙。

源于西欧，与近代资本主义相伴而生的殖民主义现象，不仅不同于希腊—希伯来文化背景下的古代帝国现象；更不同于相异文化背景下的东亚等地农耕王朝或游牧帝国。西欧型近代殖民主义的特征是，殖民宗主国以武力胁迫签订条约等手段夺取殖民地土地，在殖民地任命总督，掠夺殖民地的原料、劳力等资源，向殖民地倾销本土的工业品，灌输其文化、宗教价值，压制殖民地民众的自主意识以及争取权益的一切行动等。20 世纪前八十年的政、学界的共识是，西、葡、英、荷、比、法、俄、奥匈、德、意、日、美等具近代资本主义性质的国家是殖民主义国家；历史上的中国、阿拉伯、印加、莫卧儿、奥斯曼等古代帝国的扩张与统治，显然与近代殖民主义和殖民帝国的特征有着显著的差异。俄国的扩张，除了跨越海洋之外，在特征与性质上与其他殖民帝国并无不同。

俄国征服东西伯利亚与中亚的动机及政策

苏联官方学者承认，17 世纪之后俄国东进的目的有二：一、寻找在当时欧洲市场上价值极高的软毛皮和金银矿，并修筑一条通往富饶印度的道路；二、使广袤的中亚、北亚土地上的居民"归顺君主"[1]。显然，这两个动机与近代殖民主义的性质相符。俄国总督们总是将经济利益与政治利益并置，不愿为政治目标牺牲物质利益。苏联官方学者也承认，自哥萨克进入西西伯利亚起，面对那些业已分别向西伯利亚汗国、哈萨克汗国和准噶尔各部珲台吉缴纳毛皮实物税的渔猎民、游牧民，俄国总督府还是尽可能再加征毛皮实物税[2]。

与清朝对待游牧政权或部落，仅冀求形式上的臣服，或仅实行间接统治的模式不同，俄国并不满足于西伯利亚和中亚部落在口头上宣示"臣服"。俄国人接触准噶尔汗国伊始，便确立

---

[1] H. П. 沙斯季娜著、北京师范大学外语系七三级工农兵学员、教师译：《十七世纪俄蒙通使关系》，页 55。例如，1713 年，当彼得大帝从西伯利亚总督的报告中获悉，由准噶尔人控制的叶尔羌出产金沙时，立刻制定了"占有这座富有的城市"（以便确保俄国与瑞典正在进行的战争有足够财源）的目标与具体计划，并付诸实施。

[2] H. П. 沙斯季娜著、北京师范大学外语系七三级工农兵学员、教师译：《十七世纪俄蒙通使关系》，页 18、25。

了"将卫拉特王公变为俄国的臣民；将从属于这些王公的臣民变为向俄国国库提供实物税的属民；并将他们居住的地区变成俄国的领土"之政策①。俄国军队从托博尔斯克等地向东、南方向推进，在准噶尔传统游牧范围内建立了托木斯克、雅库茨克等军事要塞，在军力所及的范围内征收毛皮实物税；同时佐以武装移民，以巩固、扩大直接控制区。

当面对名义上臣服部落的征税进程未如预期的那样顺利时，俄国使臣便以略带轻蔑的口吻抱怨，"对于游牧者而言，称臣通常是一桩有利可图（又不须负任何责任）的交易"②；沙皇政府也对于像准噶尔和辉特部珲台吉阿勒坦汗等人"屡有需索"、俄国又无望从他们那里"有利可图"的状况感到厌烦。而当时的阿勒坦汗，是最早与俄国建立通使、合作关系的准噶尔首领，他的意向攸关俄国东进与南进的前景。1689 年，正当俄中双方正在进行尼布楚谈判时，俄方亟需蒙古人的政治支持之际，俄使戈洛文还责令在外贝加尔地区臣服俄国的蒙古王公，向哥萨克部队提供远超出部落承受极限的马匹，致使蒙古人叫苦不迭③。俄国人为不算可观的经济利益，甘愿扩大政治风险，突显出这个帝国的资本主义、殖民主义的性格。

厄鲁特、喀尔喀、布里亚特诸部与中亚突厥语各族群，皆发现向俄国臣服的方式，与臣服于北京博格德汗的方式有极大

① 伊·温科夫斯基著、宋嗣喜译：《十八世纪俄国炮兵大尉新疆见闻录》（哈尔滨：黑龙江教育出版社，1999），页 1。
② 由尼·维谢洛夫斯基所作的序言，收入伊·温科夫斯基著、宋嗣喜译：《十八世纪俄国炮兵大尉新疆见闻录》，页 4。
③ Н. П. 沙斯季娜著、北京师范大学外语系七三级工农兵学员、教师译：《十七世纪俄蒙通使关系》，页 152。

的差异；其代价远高于向北京的臣服、纳贡。在俄国的掠夺意图面前，蒙古人的"所有权"意识——或可称为原型的民族意识——觉醒。1657年，当俄国军官要求准噶尔和辉特部首领罗卜藏台吉"离开俄国领土"时，得到的答案是："我现在就是在自己的土地上。这哪里是你们君主的土地，这块土地自古以来就是我们的。"①此前曾因现实利益需求在形式上向沙皇表示臣服的阿勒坦汗，与俄国通使的准噶尔部噶尔丹汗、策妄阿拉布坦汗、噶尔丹策零，以及喀尔喀蒙古土谢图汗，都向俄使抗议沙皇军队占据其世居土地、掠夺其历来属民的行径②。

除向东西伯利亚扩张之外，俄国对资源相对丰富、具战略意义的中亚诸汗国更有兴趣。19世纪下半期，俄国先后征服了中亚的浩罕、布哈拉、希瓦三个独立汗国以及土库曼，并以军事与政治并行的手段，从清朝的伊犁将军辖区攫取了超过五十三万平方公里的土地；1867年，在塔什干建立"突厥斯坦总督区"③。

---

① H. П. 沙斯季娜著、北京师范大学外语系七三级工农兵学员、教师译：《十七世纪俄蒙通使关系》，页78。
② H. П. 沙斯季娜著、北京师范大学外语系七三级工农兵学员、教师译：《十七世纪俄蒙通使关系》，页105。
③ 18世纪初，彼得大帝即制定夺取中亚的目标与具体计划，但在其后一个多世纪内未曾取得实质进展，俄国转而将中亚扩张的切入点定在对哈萨克草原的征服。伴随19世纪上半期对哈萨克征服的完成，俄国始利用建立要塞联线的战略，逐步蚕食中亚诸汗国的土地；至1876年止，花费约四十年的时间完成了对布哈拉、希瓦、浩罕三汗国的征服。在此期间，俄军于1847年已进入巴尔喀什湖东南的清朝伊犁将军辖区，陆续建立科帕尔堡和维尔诺堡，构筑包抄哈萨克草原与诸汗国的环形碉堡线（西伯利亚线）；1864年，与清政府签订《中俄勘分西北界约记》，取得了原伊犁将军辖区西部四十四万平方公里土地；1867年，在塔什干建立"突厥斯坦总督区"；1871年以武力占领伊犁地区。1885年，俄国占领土库曼，实现对整个中亚的征服。

俄国在第一次全球化尖峰期的 19 世纪中期征服中亚，相较于以往的扩张，具备商业贸易与军事行动并举、针对上层宗教贵族与下层民众的政治攻势同时展开、中亚政策与欧洲政策互补等特征，并利用地缘政治优势，最大限度地支援了俄国的其他军事和外交行动。俄国实施以纳突厥穆斯林居住区为其政经体系一环为目标的中亚政策，为俄属中亚地区引进了西式近代教育，造就了该地区的初步工业化；同时为该地区带来了社会阶层的分化与民族意识的觉醒，为 20 世纪的俄属中亚与新疆的民族主义风潮埋下了伏笔。

相对于中国王朝——忽略经济利益——满足于游牧者的称臣姿态，以及以通婚（"和亲"）的古老方式建立相对具有平等意味的同盟，俄国人始终坚持利益原则。

即使在被俄文、英文史学界目为殖民工具的伊犁将军府设立后，清朝仍然未曾试图从新疆榨取经济利益。除税源基本来自屯田士兵外，朝廷还必须动员各省补贴新疆财政（协饷）与军需。而维吾尔、蒙古上层甚至作为"外藩"的哈萨克，依然享受以"朝贡""回赐"为名的财政补贴与经济援助。

伊犁将军府：是传统的产物
还是全新的发明？

18 世纪中期，清政府在被命名为新疆的准噶尔故地设置总统伊犁等处将军（简称"伊犁将军"）。在军府制度之下，针对天山南北的不同情形，分别在接近甘肃的东部实行与内地相同的州县制；在厄鲁特蒙古与哈萨克游牧部落中实行与喀尔喀蒙古诸部相同的札萨克制；在天山南路分散的绿洲中实行伯克制，由土著居民中的士绅管理本地民政事务，由宗教长老管理宗教事务，事实上实行了相当意义上的自治。这样的军府制度，并不是一项全新发明。从传统的角度看，汉朝在西域实行的都护制，西域长史为屯田指挥官，但不在当地设郡县，而是保留各城邦小国，朝廷通过西域都护对各小国实行间接统治，屯田部队则以屯田的方式自筹军需，保证各小国在政治上的效忠。唐朝在西域设立军府(大都护府)，其属下的(羁縻)都督府长官与官吏皆由本地民族首领膺任，同样实行间接统治；驻扎西域的军队在军、镇指挥下，负责保障游牧民及绿洲居民对王朝的忠诚，但同样以屯田的方式自筹军需。从同期清朝的制度看，满洲统治集团在满洲本土、漠南蒙古、喀尔喀蒙古①，同样实行以将军、都统为最高主官的军政一体制度，在地方各省亦设军区，由驻扎在战略要城的将军处理区域性军事事务。清高宗坦承，在新疆实行军府制，是基于此地地域辽阔、族群状况复杂，且距京师遥远等诸多现况，参酌前代治边得失与本朝惯例而制定的。

伊犁将军府由以伊犁将军为首的各级军政长官及其辖下的民政、军事两套系统构成。在管理职能上，兼顾军事、政治、经济、财政、外交等诸面向。清政府依据新疆的地理、民族分布状况，将此地划分为三大地理区。北路伊塔地区，以伊犁为中心，归伊犁将军直辖；南路八城以喀什噶尔为中心，设喀什噶尔参赞大臣，并听伊犁将军节制；东路以乌鲁木齐为中心，

① 如在喀尔喀蒙古设置乌里雅苏台将军、库伦办事大臣、科布多参赞大臣。

设乌鲁木齐都统，总理北疆库尔喀喇乌苏以东，包括吐鲁番、哈密的广大地区，亦听伊犁将军节制。作为军政合一的行政管理体制，军府的职能相应包括军事与民政两大部分。军事事务多由各级军政大臣直接掌管，民政事务则在军政大臣主持或监督下，交各地民政官员办理。

各驻扎大臣管辖地方，但不直接理民。为了具体办理地方事务，清政府因俗施政，因地制宜，在军政长官辖下，分别建立起三种不同的民族管理系统。在新疆东部内地民人移居较多的地区，实行州县制度。镇迪道及其所属州县，一方面在建置上就近划拨甘肃省，令陕甘总督辖制，另一方面在行政上命乌鲁木齐都统管理。

在南疆和北疆伊犁等维吾尔农民定居地区，将突厥穆斯林社会传统的伯克制度直接纳入清政府地方官制体系。各城伯克管理地方民政事务，名义上统于当地驻扎大臣，受各城大臣监督。

在厄鲁特蒙古和哈萨克牧地，编旗设佐，施行札萨克制度。清代新疆蒙古族地区共置有四盟十二旗，隶当地大臣兼辖，归伊犁将军节制。另外，哈密、吐鲁番两地维吾尔贵族较早投附清廷，受清廷册封，亦实行札萨克制。

清代新疆军府制度的职能包括：统率军武、巡边守土、考铨官吏、管理屯田置牧、核征赋税、奏调经费、办理王公伯克入觐及藩属事务等。

清朝在新疆所实行的——被西方学者视为军事殖民的——屯田措施，又在天山南北普遍建立不同族群分隔居住的"双子城"制度。清政府还要求新疆官员主持或参与其他经济活动，如主持贸易、经营牧场、开矿冶铁等。屯田是清政府在新疆实行军府制度的经济基础。清代新疆的屯垦采取兵、民、回、遣、旗屯五种形式,税收主要来自屯田士兵、汉人移民的屯田、畜牧和矿冶产出,谓之"以边养边",避免向塔里木盆地的突厥语穆斯林居民直接征税。濮德培也承认,军事移民(屯田)是具有长久历史的中国传统,并且花费巨大。朝廷除必须向士兵及各族屯垦民众提供农具、种子和贷款外,最终往往蠲免"户屯""回屯"等屯垦民的谷物税,仅能将"兵屯"士兵的收益归公①。

除将税收权力及收益大致交由本地穆斯林世俗官员外,清朝当局亦不干预当地突厥语穆斯林的社会及文化生活,这些特征显然不同于源于西欧的近代殖民主义。

相较之下,俄国人对于传播东正教及斯拉夫文化抱有相当的热诚。苏联官方历史学家宣称:"俄国人在东西伯利亚的出现——与他们在整个西伯利亚出现一样,起了传播文化的作用……进步作用。"②在此,官方史学家特意引述恩格斯的历史评论,"俄国的统治……对于黑海、里海和中亚细亚,对于巴什基尔人和鞑靼人,都是有文明作用的";但刻意将恩格斯在该段评论前加的条件句"不管怎样卑鄙无耻,怎样带有种种斯拉夫的肮脏东西"隐去③。

---

① Peter C. Perdue, *China Marches West: The Qing Conquest of Central Eurasia*, pp. 324, 338, 340.

② 见 H. П. 沙斯季娜著、北京师范大学外语系七三级工农兵学员、教师译:《十七世纪俄蒙通使关系》,页12。

③ 恩格斯:《1951年5月23日致马克思的信》,收入中共中央马恩列斯著作编译局编译:《马克思恩格斯全集》(北京:人民出版社,1975),卷27,页285。

这显示伊犁将军府的设置，并不仅是因应前所未有的征服与殖民需求的举措，与俄国在西伯利亚和中亚的将军府、总督府的性质，有着相当的差异。

清朝对于新疆之外的喀尔喀蒙古、西藏等臣属地区皆未实行驻军，也没有掠夺当地的资源。相反，北京朝廷采用了（与蒙古贵族）通婚、尊崇（当然也利用）藏传佛教的政治手段。即使面对——在相当程度上是基于防御需求，而不是扩张动机之下——以军事手段征服的天山南北，清朝也未实行以武力为后盾的直接高压统治；它统治新疆的战略目标，依然是保障农业地区的战略安全，因而仍不脱保守防御性质。这与中原王朝两千年来的传统并没有截然的差异。认定清朝挟其战略设计、地缘、文化上的"阿尔泰"优势，"线性"地演变得更聪明到足以与以欧洲文化为背景、以资本主义制度、技术为后援的军事帝国进行有效竞争，不免高估了北京的"自强"能力。

殖民者拒绝继续扩张？

清朝平定准噶尔后，新疆沿边的哈萨克、布鲁特以及中亚的浩罕、巴达克山、布哈尔、爱乌罕等部相继上表北京朝廷，情辞恳切，要求内附，像回部一样成为清朝的臣民。

但清高宗拒绝了这些政权的要求，清朝视其为"外藩"。清朝对这些外藩事务的处理，不同于疆域之内的内藩，如蒙古、西藏等，实行形式上的行政管辖和实际上的间接统治；而是视同朝鲜、安南，与其建立"宗藩"关系，实行特殊的羁縻政策。

清高宗对各部只求名义上的加封；不设官置守，不干涉其内部事务；不介入各部之间的纷争。乾隆帝说："尔等僻处遐方，非可与喀尔喀诸部比。尔称号为汗，朕即加封，无以过此。或尔因系自称，欲朕赐以封号，亦待来奏。朕惟期尔部安居乐业，俾游牧各仍旧俗，即贡献亦从尔便，如遣使入觐，朕自优加赏赉。"同时，为了维护和保持这种政治关系，清廷要求各部不定期地向喀什噶尔遣使入贡，并随回部年班进京朝觐①。

　　清廷对中亚各藩部的基本政策是："所谓归斯受之，不过羁縻服属，如安南、琉球、暹罗诸国，俾通天朝声教而已，并非欲郡县其地，张官置吏，亦非如喀尔喀之分旗编设佐领。"清廷认为中亚诸部与清朝相邻，"则尔土地，即与朕疆界毗连，尔等若如哈萨克慕化来归，朕将令照旧安居，不易服色，不授官爵，不责贡赋"。只要求中亚各藩部"能约束所部，永守边界，不生事端"即可。清朝在设置伊犁将军府后，从未派军队进入藩属各国，没有在其地设置过任何行政和军事机构，没有委派官吏和征收赋税②。

　　清高宗对中亚各部之间为争夺土地、牧场、人畜及其贸易等方面的利益而生的纷争，一概不予受理。乾隆说："朕统一区宇，尔哈萨克、布鲁特、霍罕、安集延回众，皆朕臣仆，朕一视同仁，毫无偏向"，"岂有助一臣仆攻一臣仆之理"！

　　18世纪以后，俄国势力侵入中亚地区，一些中亚部落归附俄国。对此，清朝采取漠然置之的态度。如对哈萨克归附俄国

---

① 成崇德：《清朝与中亚"藩属"的关系》，收入《民族史研究》第3辑（北京：民族出版社，2002年），页318—328。

② 成崇德：《清朝与中亚"藩属"的关系》，收入《民族史研究》第3辑，页318—328。

的问题,乾隆帝表明:"哈萨克原有贰心,伊虽以臣服于我,而俄罗斯亦系大部落,与伊接壤,哈萨克不免疑虑两顾。今观哈萨克阿附于彼,其意显然,此事虽不甚紧要,仅可作为不知,置之不议。"又如浩罕及布鲁特与俄国关系日趋密切,乾隆的原则是:"霍罕与俄罗斯远在卡外,蛮触相争,原可置之不问,惟不许扰及边界。""哈萨克、布鲁特自乾隆年间臣服以来,至今历有年所,嗣因该夷部落散居边外,族类繁多,首鼠两端,向背靡定,往往有朝属中国,暮附俄罗斯者。中国明知其情,向不过问,以昭宽大而示羁縻。"

基于上述原则,清朝征服准噶尔后厘定边界时,即将哈萨克和布鲁特划出界外,禁止哈萨克、布鲁特等部越界进入其管辖的疆界,为此在伊犁将军府沿边设立了一系列卡伦。然而同时,又对哈萨克贸易实行免税制,"以示羁縻"。此举无法阻止下层民众的迁移。乾隆朝后期,大量哈萨克人和布鲁特人进入清朝辖境内游牧居住,逐渐合法化。

同治元年(1862),逃入清朝境内的哈萨克、布鲁特人说:"吾等世居边外,太平度日,今俄人说我们游牧地方是他们的,被他勒索,因此进卡留下发辫,情愿给大皇帝出力当差。"俄国对哈萨克和布鲁特领地步步推进,失去土地牧场和家园的牧民争相向新疆境内迁移,清朝在沿边设置的卡伦和对沿边的巡查路线也随之向后一再退缩,最终导致领土沦丧[1]。

作为清朝"外藩"之一的浩罕,于19世纪初开始扩张势力。1820至1828年,浩罕支持张格尔入侵南疆;1830年,浩罕兵

---

[1] 成崇德:《清朝与中亚"藩属"的关系》,收入《民族史研究》第3辑,页318—328。

数万直接入侵南疆。道光皇帝下诏与浩罕媾和，与之签订了较《中英江宁条约》更早的"丧权辱国"条约。这乃清朝保守防御心态的另一反证。

如果这样仍可将清朝列为 17、18 世纪殖民帝国中合格的一员，那么它势必需要在利益、领土和主权观念考察中作弊。

结　语

当苏联官方史学将俄国东扩定位为"新兴资本主义"遭遇"封建、野蛮、落后"时，便在无意间透露出一个事实，即清朝——不论是满洲大汗或中国皇帝——从未出现过像彼得一世及叶卡捷琳娜女皇那样的远见。清朝与俄国双方扩张的近期目标与长远目标皆不相同。

抱持"欧亚大陆相似论"的学者们忧虑，历史循环论(cyclical theorizing)会导致对人群能动性、历史线性演变的忽略，暗示人只会固守祖先的成法，无法从历史经验中学习教训[①]。然而，期待尚未经历技术革命及思想革命、未曾经历经济与社会深度变迁的东方社会，与西方同步——或接近同步——出现近代资本—帝国主义、殖民主义的理念，显然同样不切实际。相较于罗马帝国分裂、灭亡后，欧洲相继出现的中世纪封建、文艺复兴、资本主义、民族国家、代议民主政治等现象对社会生活的影响，中国历史上朝代更迭所带来的社会变迁，无论如何都要小得多。

---

① 参见 Peter C. Perdue，*China Marches West：The Qing Conquest of Central Eurasia*，p. 7。

　　而不论"阿尔泰学派"的学者——与清高宗一样——在主观上如何期待满洲人保持满洲特色，满洲朝廷角色的转换进程还是从满人入关、定都北京之际即走上了一条不归路。在《大义觉迷录》中，满洲大汗胤禛亲口宣示了他扮演合法合格中国皇帝的决心，而满洲朝廷正是以此作为它制定边疆政策的新立足点，从此造成清朝像历朝一样重陆疆、轻海疆的开端。

　　以由满蒙贵族主导的伊犁将军府为例。乾隆三十年（1765），清高宗对"伊犁大员皆说汉话，全不以清语为事"的状况极为忧心，严令伊犁将军以满语与下属大员交谈①。然而，权衡在军府中若不说汉话，官员间词不达意的沟通，势必导致军政要务被迫延宕的后果，清朝统治者还是放弃了这个难以达成的目标。清朝在伊犁将军府体制下同时实行州县制、札萨克制与伯克制；依赖屯田与族群隔离政策等举措，在在显示：乾隆在面对——历代以来——长期无法克服的现实障碍时，还是不得不参照汉唐间接统治西域的模式，遵循在王朝与土著的需求间寻求妥协的传统政治思维。

　　将乾隆的军事行动，与伊犁将军府设立后清朝在新疆的政策一并加以考察，将会发现这一外表上看来咄咄逼人的攻势，其实只是以保障农耕王朝政治中心的安全为目标。直到1860年代，在涉及新疆的问题上，清朝宫廷决策层内展开关于"海防"与"塞防"之争时仍然如此。"塞防"派的论据，不过是"保蒙古"以"保京师"。尽管历史证明，"海防"派的见解更有视野及远见，但由于"塞防"论最符合汉唐以来的传统认知，因而最易为

---

① 《清实录·高宗纯皇帝实录（十）》（北京：中华书局，1986），卷727，乾隆三十年正月乙丑条。

科举出身的汉人大臣和那些——几乎没有例外地——汉化的满人大臣所了解、认同。相较之下，"海防"论是汲取西方殖民帝国与非西方殖民地的正负两方面经验后，获致的结论，在大臣之中颇有曲高和寡之憾。同样，当 1944 年苏联扶持伊宁所谓的"东突厥斯坦共和国"，借以向中国榨取其在外蒙古和满洲的利益时，蒋介石再度为是否应当放弃新疆，集中有限的力量保全东北煞费思量。最后，国民政府还是向新疆派出了十万大军，为保障战略后方预留出路。此举在事实上减弱了其在内地的实力①。毛泽东也曾面临类似的窘境。1969 年 8 月，苏联不甘在珍宝岛冲突中的失利，在哈萨克加盟共和国与新疆维吾尔自治区的共同边界处，向中国边境巡逻队发动更大规模的袭击，甚至考虑动用核武器，摧毁罗布泊的核试验场。考虑到中国不论在传统武力还是核武力方面，都还不能与苏联匹敌，毛曾设想放弃在新疆阻挡苏联红军机械化部队的计划，任由苏联战车长驱直入，让中国广袤荒凉的国土消耗苏联人的锋芒②。这样的想法，再度印证了左宗棠式战略思维的渊源之远、流布之广，都超出我们的想象。蒋、毛亦从侧面证明中国统治阶层缺乏近代殖民主义的意识。

　　"阿尔泰学派"与"欧亚大陆相似论"者，无疑怀抱着与福柯（Michel Foucault）、安德森（Benedict Anderson）、杜赞奇（Prasenjit Duara）等人类似的，试图跨越现代民族国家的边界，考察"移动

---

① 见吴启讷：《新疆：民族认同、国际竞争与中国革命，1944—1949》（台北：台湾大学博士论文，2006）。
② 参考杨奎松：《从珍宝岛事件到缓和对美关系》，收入《党史研究资料》，1997 年第 12 期，页 5—20。

的历史"本身的良善动机；他们通过重新审视、重组古代中国的历史，对于以现代中国领土当作历史疆域，去建构具有政治、文化传统同一性的中国历史的研究取向，产生了有启示意义的冲击。解构以"汉人""儒家"文化传统等同于"中国"的论述，无疑也有助于所谓"从民族国家拯救历史"。

然而，上述动机与方法，显然也潜藏着一种危险，即过度夸大地方、族群、宗教历史的差异，低估"文化中国"的历史传统与文化同一性。或许正是由于上述两种论者以极善意的、肯定——包含儒家文化背景下汉人在内——各非西方人群的历史能动性的态度，建立了一种带有自由主义色彩的理论，在这样的理论前提下，以后设的方法重新剪裁史料，书写出全新的却未必全然接近真相的历史。

"阿尔泰学派"，强调以往遭受严重忽视的汉人以外周边其他族群本身的特质；尤其强调征服王朝超越"中国"的意义。这一主张有意批判从现代汉民族为主体的中国出发，追寻古代历史的（不当）倾向，但也意外地导致读者产生"汉人中国"的思想、文明对周边影响并不显著的印象。事实上，古代"中国王朝"并不总是由汉人建立与主导。非汉人正是主动模仿了比"汉人"概念涵盖更广、且——不可否认地——具有吸引力的"汉文化"，才入主中原。若认定中国是"近代才建立的民族国家"，岂不正是将对西欧历史的描述直接套用在东亚历史之上的一种描述吗？

"欧亚大陆相似论"着眼于扩大历史想象空间，但却过分淡化了读者对存在于东西方历史传统中的诸多难以忽略的差异应有的认知。中国作为"传统帝国式国家"，一方面以"天下"观将

"溥天之下"皆视为帝国秩序的一环;另一方面又将"天下"分为
"九服",无意尝试在文化—政治"核心"地区以外的"边缘"地区
建立一体化的政治体制。清朝内蒙古的盟旗、外蒙古和准噶尔
盆地的札萨克、塔里木盆地的伯克、西藏的噶厦、云贵川康青
的土司制,与汉朝都护—属国、唐朝军府—羁縻府州间明显的
传承性和相似度,无论如何都远远超过俄、英的西伯利亚总督、
突厥斯坦总督和加拿大总督、印度总督。"殖民地"的概念本
身,即源自西欧的近代历史经验;西欧和追求西欧化的俄国都
将大幅度跨越空间局限、无限度追求民族国家利益,当作国家
目标。中国王朝的文化空间与政治疆域则是从中心向四周逐渐
扩散,后一种过程在时间和空间的尺度上,都难以与前一种
相比。

现代中国的诞生和国家意识的形成,与欧洲的状况存在巨
大差异。正是由于现代中国民族国家(或曰"多民族国家")是从
传统帝国蜕变而成;现代中国民族国家(或曰"多民族国家")的
国家意识乃是混杂了传统帝国中没有边界的"天下"观,和"中"
(核心)"外"(边缘)有别的边疆、民族观,才使得立足于西欧历
史经验的苏联、俄罗斯和当代西方中国史研究界,感到无从入
手,而必须加以析解,使之适应他们熟习的分析推理模式。

尝试解构"中国"作为一个历史叙述空间的传统的进程,始
于亟力追求西化的明治时代,并伴随日本的亚洲政策倾向日趋
明显,而于 1920 年代至 1930 年代成为日本历史学界的主流论
点。1923 年,矢野仁一在《支那无国境论》和《支那非国论》中即
表明:中国不能称为所谓民族国家,满、蒙、藏等原本就不是
中国领土,要维持大中国的同一性,根本没有必要推翻清王朝;

要建立中国民族国家，则应当放弃边疆地区的控制，包括政治上的领属和历史上的叙述①。钟爱"阿尔泰学派"与"欧亚大陆相似论"的学者，在讨论近代"中国问题"和"中国民族问题"时，以不无惋惜的口吻，对于中国未能依循奥斯曼帝国——"收缩"为局限在安纳托利亚半岛的现代土耳其的——模式，回归到明朝的版图范围，感到遗憾。这一例子，也可作为"阿尔泰学派"与"欧亚大陆相似论"在立论动机方面的佐证。

回到本文涉及的细节，"伊犁将军府"不是"西域都护"或"安西都护府"的简单复制品，但也不是"印度总督"和"突厥斯坦总督"的简单对应物。回归对东亚历史特殊性的考察，避免将欧亚大陆东部和欧亚大陆中部的古人西欧化、现代化，显然是将中国史研究带向世界史方向的必经之途。

（吴启讷，中研院近代史研究所副研究员）

---

① 二文收入矢野仁一：《近代支那论》（东京：弘文堂书房，1923）。

四、康熙遗诏中所见大清
皇帝的中国观

甘德星

前　言

　　近年来美国学者欧立德(Mark Elliott)提出"新清史"之说①，其中一个主要论点为大清非中国，中国只是其兼摄内陆欧亚帝国的一部分，因此大清皇帝并不能视作为传统的中国皇帝②。不过，考之史实，这个观点颇有待商榷的地方。我打算用一个

---

① Mark Elliott，"Manchu-Language Archives and the New Qing History，"收入《文献足征——第二届清代档案国际学术研讨会会议论文集(上)》(台北：台北故宫博物院，2005)，页19—40。中文译本可参看欧立德著、李仁渊译：《满文档案与新清史》，(台北)《故宫博物院学术季刊》，24：2(2006年12月)，页1—18，唯译本有漏译及误译之处，利用时宜加注意。

② "新清史"的理论，除大清非中国说外，尚有其他的谬误，我另有专文讨论，于此不重复。

比较具体的个案作为例子，来说明"新清史"理论的谬误之处。我想这比有些学者用推论的方法来反驳"新清史"的说法，更为有效。

康熙遗诏（台戊本）

我在本文中所选用的实例，是研究清史的学者都耳熟能详的康熙遗诏。不过，除了汉文本外，我还会利用一个以前较少学者使用的满文本。原来的康熙遗诏共有四份：两份保存在北京中国第一历史档案馆，两份则庋藏于台北中研院历史语言研究所。我分别称之为京甲、京乙、台丙、台丁四本。京甲本为满汉文本，但残缺不全。京乙本为汉文的礼部"誊黄"。台丙本也是满汉文本，但满文部分只剩最后一行 emuci aniya omšon biyai juwan ilan 数字。台丁本则是汉文本。除了京乙本是礼部"誊黄"，不盖御宝外，其余三份皆盖有满汉文御宝：xan-i boobai/ 皇帝之宝。

公元 2000 年我在北京又得到另一遗诏的影印本。该本只有满文，没有汉文，一共 4 页，75 行，是一个较完整的版本。京甲本的残余部分基本上与之相同。据说该本源自台湾，故我称之为台戊本。

从影本可以判定，这个台戊本应该不是诏黄。影件只有满文部分，并无相连的汉文遗诏，而且上面没钤"皇帝之宝"满汉文宝玺。本中有错、漏字，如行 6 的 xacikingge，正字应作 xancikingge；行 68 的 xaiiraraqôngge，最后的音节漏了加点等等。

我原来想台戊本可能是礼部刊刻的满文"誊黄"。但影本内日期部分只书年、月 elhe taiifin-i ninju emuci omšon biyai...，没有日，可见影件是早已拟好，待康熙皇帝驾崩后，经内阁补上日期 juwan ilan-de，用黄纸墨书，再行正式公布的稿本。

满文《清实录》虽然也载有遗诏全本，但文字多经改动润色，并非原件，就史料价值而言，当在台戊本之下。台戊本中诏书的启首套语 Abqai hesei foryon-be alixa xôwangdi hese"奉天承运，皇帝诏曰"（行 1—2），《清实录》改作 delhentume wasimbuxa joo bithei gisun... sehe（遗诏曰），文末 dorgi tulergi-de bireme selgiyehe"布告中外，咸使闻知"的公文成语，改以命令句 dorgi tulergi-de bireme selgiye 结尾，两者行文用字与原件相去甚远。其他改动，或出于音韵修辞，或出于与汉文对译。前者如行 23 的 olyošome，《清实录》改作 olxošome；后者如行 5 的 mafari-be gengulere（法祖）中之 gengulere，《清实录》依汉文改为更贴近原意的 alqôdare。行 70 的雍正御名 In Jen 胤禛，《清实录》因避讳而贴黄漏空，由此亦可见康熙时满人汉化之深。

我所以选用遗诏来驳斥"新清史"之误，是因为遗诏乃国家权力转移的重要文书，其所代表的意义，非一般的谕诰命令所能相比。值得注意的是，遗诏上只有满、汉两种文字，可见遗诏是大清认定满汉为国家主体的下意识反射，即所谓的"满汉一体"，而非"满汉蒙回藏一体"。汉文通行中国，故遗诏先写汉文，后写满文。入关后，满人急速汉化，满文识者不多，但因为满文是统治者的语文，有其象征意义，所以制作满文本亦有其必要。遗诏上的御宝也是满汉并列。但遗诏宣读时，却先宣满文，后宣汉文，可见满洲虽然汉化，但其满洲意识仍存。

作为中国之主的康熙

　　从遗诏中可见，康熙的称谓为"皇帝"，满文本直接将之翻译作 xôwangdi，而不是内陆欧亚传统的"汗"xan；他统治之国是"中国"Dulimbai Gurun，所统治之民是所谓的"中国之人"，即"中国人"。康熙这个中国皇帝的身份，也同时受到帝国边缘民族的认同。对这些民族而言，康熙是"中国至圣皇帝"或"统驭天下中国之主"①。

　　应该指出的是，康熙治下的中国，与传统的中国王朝无异。传统的中国基本上指的是一个文化、地理空间，与近代受西方国族主义影响下出现的"中国"不尽相同。康熙时大清的领土，除关内汉地外，也包括关外新附的内陆欧亚部分。不过，塞外蒙古，虽并于中国，但关系不如关内满汉二者的密切。遗诏正本没有蒙文本即为明证。发给外藩蒙古的遗诏乃由内阁兼缮蒙古字样的誊黄。

　　清代专职边疆事务的机关是理藩院。从其满文名称 tulergi ɣolo-be dasara jurɣan，也可以窥见蒙藏二地与汉地之疏离。满文 tulergi 一词即外面之意。理藩院的蒙文对译为 ɣadaɣadu Mongɣolun törö-yi Jasaqu yabudal-un yamun，其中 ɣadaɣadu 一字，指的也是"外"，其藏文对译则为 phyi'i Sog-po'i khrims grwa，所谓 phyi 者，其意亦是"外"（见《五体清文鉴》）。由此可见，蒙古虽属大清，但对位处内地的满洲而言，仍为边地，宜乎汉文

---

① 《清实录·圣祖仁皇帝实录（二）》，卷 142，页 569；《清实录·圣祖仁皇帝实录（三）》，卷 263，页 589。

称之为"藩"也。

　　台北故宫博物院藏《康熙与罗马使节关系文书》以及康熙二十八年（1689）的《尼布楚条约》（见《Сборникъ договоровъ Россіи съ Китаемъ 1689-1881 гг》），皆可印证康熙遗诏中所反映的中国观。于《与罗马使节关系文书》中，康熙谕西洋人传教士曰："你们不遵教化王的话，得罪天主，必定教你们回去，那时朕自有话说，说你们在中国年久，服朕水土，就如中国人一样，必不肯打发回去……你们领过票的，就如中国人一样，尔等放心，不要害怕领票。"①《尼布楚条约》满文本一开始即用 Dulimbai Gurun-i enduringge xôwangdi（中国的至圣皇帝）一词，拉丁文本作 Sinarum Imperatoris，俄文本无对译，但条约中出现 китайского 一字（Китай，中国），可见俄人亦视大清为中国。

　　遗诏中，康熙将自己接续于中国正统，并以清朝是明朝的后继。诏中除述及黄帝、三代明圣之主、舜、禹、项羽、汉高祖、诸葛亮、梁武帝、侯景、隋文帝、隋炀帝、陈友谅、明太祖之故事外，亦引用《易·遁卦》《尚书·洪范》之中国传统经典以说明问题。遗诏云："历观史册，自黄帝甲子迄今四千三百五十余年共三百一帝，如朕在位之久者甚少"；又云："昔汉高祖系泗上亭长，明太祖一皇觉寺僧。项羽起兵攻秦而天下卒归于汉，元末陈友谅等蜂起而天下卒归于明。我朝承袭先烈，应天顺人，抚有区宇，以此见乱臣贼子无非为真主驱除也。"遗诏中并未引用辽、金、元之史实，其欲摆脱内陆欧亚之纠缠，至为明显。

———————

① 冯明珠：《红票：一封康熙皇帝寄给罗马教宗的信》，（台北）《故宫文物月刊》，第 344 期（2011 年 11 月），页 26，图十。

康熙于遗诏中特意援用汉人典故，将满洲纳入中国王朝的历史系谱内，自有其因。满洲入关之初即急速汉化，至顺治因汉化而下罪己诏。康熙汉化更深，遗诏乃其对前朝满洲本位的反动。然而，满洲既经汉化，本质上即"由夷变夏"。华夷二词，亦因此同时"解构"。在康熙汉化的语境中，满汉已成一体，并同为中国之人。

不过，这种华夷不分的思想，并不自康熙时始。清代以前早已有之。其最终或可追溯到孟子的《离娄》章："舜生于诸冯，迁于负夏，卒于鸣条，东夷之人也。文王生于岐周，卒于毕郢，西夷之人也。地之相去也，千有余里，世之相后也千有余岁，得志行乎中国，若合符节，先圣后圣，其揆一也。"汉人儒生如李绂者，亦据此而认定康熙与传统的中国君主无异①。

结　语

揆之以上所论，"新清史"有关大清非中国之说并不正确。大清即中国，其重心在关内汉地，并非在内陆欧亚。康熙是以汉地为中心的中国之主，他之前的顺治及其后的雍正、乾隆诸帝，亦无不自视如此，康熙并非独例。

（甘德星，台湾中正大学历史系副教授）

---

① 李绂：《穆堂别稿》，《续修四库全书》（上海：上海古籍出版社，1995），第 1422 册，卷 24，页 2b—3b。

五、从御制诗论乾隆帝的文化认同

——兼谈清政权的汉化

崔　岩

　　近年来，美国的"新清史"研究颇有影响，给清史学界带来冲击。"新清史"论者从族群认同理论出发，认为满人建立的中亚帝国不能等同中国，他们视中国仅限于十八省，中国只是清帝国的一部分，甚至认为清朝的缔造与辉煌主要是满族的业绩与功劳。"新清史"从产生至今仍方兴未艾，几乎要积非成是。国内以及华语世界学者已经针对若干重要议题，诸如汉化以及国家与民族认同问题，展开了讨论，但仍然有进一步澄清的余地。笔者从乾隆皇帝一生所做的四万多首汉文诗入手，来探讨乾隆帝对汉文化的态度。

乾隆帝对汉诗的沉迷

　　乾隆皇帝一生作诗不辍，数量宏富。据笔者统计，《御制诗初集》四十四卷，目录四卷，共计四千一百六十六首；《御制诗二集》九十四卷，目录六卷，共计八千四百七十五首；《御制诗三集》一百卷，目录十二卷，共计一万一千六百三十九首；《御制诗四集》一百卷，目录十二卷，共计九千九百零二首；《御制诗五集》一百卷，目录十二卷，共计七千七百二十八首。五集共计四万一千九百一十首。加上乾隆帝即位之前的《乐善堂全集》中的诗作一千零二十九首和太上皇期间的《御制诗文余集》的七百五十首，乾隆帝全部诗作总计四万三千六百八十九首。

　　"有举必书可以注起居，随事寓教可以观政事。"①这是《御制诗集提要》对乾隆诗的评价。诗已经成为乾隆帝日常生活中必不可少的一种纪事方式、娱乐方式乃至精神依托。乾隆帝不仅习惯于以诗的态度去关照生活，也自觉以诗的方式参与生活。将其诗作按年份排列，诗作与其生活轨迹的关系即可一目了然。

　　现将其诗作按年份列表，下如：

---

① 《御制诗集提要》，景印文渊阁《四库全书》（台北：台湾商务印书馆，1988）。

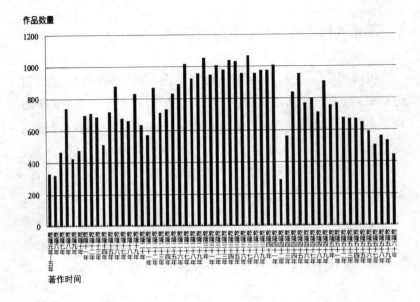

乾隆帝御制诗年份数量对比图

乾隆十五年（1750），当乾隆帝准备将御制诗结集刊行时，面对数以千计的诗作，他曾写诗自警：

> 赋诗何必多，杜老言诚正。
> 况乎居九五，所贵行实政。①

然而自此之后，数量非但没有减少，反而与年俱增。因此其诗作在中期左右，达到顶峰。乾隆二十七年（1762）到乾隆四

---

① 《尚书蒋溥奏进所刻御制诗集书此志怀》，《御制诗二集》，卷19，景印文渊阁《四库全书》。

十一年(1776)这一段时间尤其处于写作的巅峰状态；仅乾隆四十二年(1777)，崇庆皇太后逝世，乾隆帝处于“宅忧”时期，“简行幸，疏吟咏”①，数量明显锐减。但是转年即恢复正常，并持续增多。乾隆五十五年(1790)以后，乾隆帝步入老年。此时吏治趋于腐败，诸弊丛生，阶级矛盾尖锐，社会动荡，反抗斗争风起云涌。他禅位之时，正值湖北白莲教举事之际，“心绪焦劳，吟兴为之稍减”②。

御制诗“卷帙如是之浩博”③，原因有二：一是乾隆帝本人作诗极快，“染翰擘笺，顷刻辄数十首，侍臣授简吮墨，沉思前韵未赓，新题已作，丹毫宣示，日以为常”，“皇上几余吟咏，分章迭韵，精义纷纶，立成顷刻，真如万斛泉源随地涌出，昔人击钵催诗，夸为神速，何尝有日咏什余韵至十迭者”④。乾隆帝对此也颇为自负，他曾作诗道：“舟行十里诗八首，却未曾消四刻时”⑤“自十一日驻跸香山，五日得诗凡六十七首”⑥“今日至香山……早至宴息之时不觉已得七首”“五代裴廷裕，文思敏捷，时人号为‘下水船’。兹放舟揽景，俄顷之间，得诗数首，非欲与文士争长，正以理精辞熟，自觉有水到渠成乐

①《全韵诗》，《御制诗四集》，卷47，景印文渊阁《四库全书》。

②《云南巡抚江兰贵州布政使贺长庚代办陕甘总督英善各报雪泽情形灯下辄成四韵兼以书怀》，《御制诗余集》，卷16，景印文渊阁《四库全书》。

③ 参阅《御制诗集提要》。

④《新正重华宫茶宴廷臣及内廷翰林用洪范九五福之三曰康宁联句复成二律》，《御制诗五集》，卷77，景印文渊阁《四库全书》。

⑤《过广源闸换舟遂入昆明湖沿缘即景杂咏》，《御制诗三集》，卷99，景印文渊阁《四库全书》。

⑥《香山旋跸于玉泉山静明园传膳视事作》，《御制诗五集》，卷15。

趣，或不让廷裕之速耳"①。

二是有些诗作是由词臣代为完成。乾隆帝对此并不讳言，他在《乐善堂全集·序》中曾说过："虽有所著作，或出词臣之手，真赝各半。"②替皇帝捉刀代笔的，起初有汪由敦、钱陈群、刘统勋，中期有沈德潜、刘纶、于敏中，后期有梁国治、张鹏翀、彭元瑞等人。虽有捉刀之作，但这类作品不会与皇帝的意志产生偏差。故不必纠结于此，御制诗可以用作考察乾隆帝思想的媒介。

御制诗量产之多，是乾隆帝作诗成癖的明证。乾隆帝自述其"平生结习最于诗"③。"若三日不吟，辄恍恍如有所失"，"逢时清晏，聊以自怡，正乐此不疲也"④。他作诗自嘖："诗思竟如何，都于静后多。茧丝抽更细，春水皱生波。得意全由此，忘言亦任他。古人多达者，谁是破诗魔。"⑤晚年乾隆帝依然结习难舍，和珅这样描述乾隆帝读书吟咏的情景："每日万几之暇，读书无间，寒暑吟咏，日十数篇有余。"⑥

乾隆帝自知诗瘾之大，几十年间，他不停地告诫自己："结习岂应留"⑦"结习也知未宜着"⑧，至少"应简作"，"谩使人评意溺诗"⑨，但终究是"欲言欲罢而不能"⑩。正所谓"昨岁

① 《由玉河泛舟至万寿山清漪园》，《御制诗五集》，卷95。
② 《乐善堂全集·序》，《御制文初集》，卷9，景印文渊阁《四库全书》。
③ 《题郭知达集九家注杜诗》，《御制诗四集》，卷25。
④ 《御制诗初集跋》，《御制诗初集》，景印文渊阁《四库全书》。
⑤ 《诗思》，《御制乐善堂全集定本》，卷26，景印文渊阁《四库全书》。
⑥ 《五福五代堂联句》，《御制诗五集》，卷19。
⑦ 《过泰山再依皇祖诗韵》，《御制诗二集》，卷67。
⑧ 《凤凰墩》，《御制诗二集》，卷73。
⑨ 《鉴始斋题句》，《御制诗余集》，卷19。
⑩ 《占峰亭》，《御制诗四集》，卷10。

已称应绝笔，难忘结习重喃喃"①，"上年廊檐止留余地一处可以悬诗，乙卯题句恰补其空，因有'年周乙卯乙卯至，竟得明年罢咏乎'之句，今岁仍此拈吟，亦自知结习难忘耳"；真是"此不待人嘲，自觉结习最"②！早在乾隆十年（1745）的时候，针对言官李慎修"奏对劝勿以诗为能"，乾隆帝"甚韪其言"，作诗道："慎修劝我莫为诗，我亦知诗可不为。但是几余清晏际，却将何事遣闲时。"③其实，乾隆帝从未真正打算戒除诗瘾。他八十八岁做太上皇时曾说："自维耄耋之年，吟什原应从减，拟将每年依例之作，量为简省，而事之有关大体者，仍不能不涉笔成章，以昭纪实。"④他沉醉于吟咏，不能自拔之情状，昭然若揭，可见这位清帝涵泳中华诗文之深。其日常接触的莫不是中华文化，并借汉诗表达他的感情，他的诗情与中国传统诗人，如出一辙。

展示深厚的汉文化功底

乾隆帝御制诗数量无人能及，艺术水准却被公认为不高，可是诗歌创作毕竟要有汉文化功底。而事实上，乾隆帝对汉文化的精通有口皆碑。

赵翼在《檐曝杂记》中，对乾隆帝之才学有如下的评述：

---

① 《翠云岩》，《御制诗余集》，卷7。
② 《澄观斋解嘲之作》，《御制诗五集》，卷67。
③ 《李慎修奏对劝勿以诗为能甚韪其言而结习未忘焉因题以志吾过》，《御制诗初集》，卷24。
④ 《鉴始斋题句》，《御制诗余集》，卷19。

上圣学高深，才思敏赡，为古今所未有，御制诗文如神龙行空，瞬息万里；平伊犁所撰告成太学碑文，属草不过五刻，成数千言。读者想见神动天随光景，真天下之奇作也。寻常碑记之类，亦有命汪文端具草者，文端以属余。余悉意结构，既成，文端又斟酌尽善。及进呈，御笔删改，往往有十数语只用一二语易之，转觉爽劲者，非亲见斧削之迹，不知圣学之真不可及也。①

就连一向批评乾隆诗"一则文理通而不似诗，一则苦做诗而文理不通。兼酸与腐，极以文为诗之丑态者，为清高宗之六集"②"以文为诗，语助拖沓，令人作呕"③的钱锺书在其笔记中有这样的评价："高宗诗文全集文理不通，平仄不叶，好用语助，而每定一地，必详注其沿革风习，殊有资于文献史考，偶附考订，卓有识见。"④无论是儒家经典、史学名著或是地理著述、私家杂史，乾隆帝都给予评价，对不合理之处，则加以辩驳，发表独立见解。

乾隆评价司马迁"多喜奇术"，"其纪留侯事，尤多怪"⑤。认为司马迁《史记》记张良请四皓出山力挺太子一事不实，在《马和之四皓图》中，他写道：

---

① 赵翼：《圣学一》，《檐曝杂记》，卷1（北京：中华书局，1982），页7。
② 钱锺书：《谈艺录》（补订本）（北京：中华书局，1988），页78。
③ 钱锺书：《谈艺录》（补订本），页179。
④ 钱锺书：《钱锺书手稿集·中文笔记》（北京：商务印书馆，2011），第2册，页299。
⑤ 《马和之四皓图》，《御制诗二集》，卷45。

肥遁商颜物外游，出山画策自留侯。

司勋卓识空千古，不拟安刘拟灭刘。

诗下自注道出理由："盈之不废，自是高帝意所素定，无藉四老翁调护力也，不然当楚汉相持时，于太公尚请分一杯羹，果令牵于溺爱，其废盈而立如意，何所顾惜，岂留侯谏，叔孙、太傅以死争举不能得，而独惊此四老人？谓羽翼已成，有是理耶。盖高后同起草昧，盈其长子且无失德，高帝之不废盈，于义自正，右袒之祸，非所逆料，楚歌楚舞、宫闱秘事，安从而传之？"并告诫"咏古者宜具卓识"。在《读〈史〉〈汉〉书有感》写道："发潜信赖史，纪讹亦屡屡。尽信不如无，不求甚解悟。"①乾隆帝读儒家经典，对《周礼·秋官》中的一段记载也提出了疑问，作诗云：

何处生冬早，冬生虫俯中。

下藏知闭冻，曲伏解防风。

多蓄蛰粮富，牢封坯户融。

微嫌彼穴氏，攻逼太丛丛。②

诗后自注："夫兽顺时入蛰，烧其食以诱杀之，是乘殆不仁，与王政相戾，《周礼》为姬公致太平之书，不宜及此，毋怪滋昔人之疑也。"

乾隆三十八年（1773），敕令开局编校《永乐大典》，看到

---

① 《读〈史〉〈汉〉书有感》，《御制诗二集》，卷21。

② 《生冬二十首仍用元微之生春诗韵》，《御制诗四集》，卷8。

"其中坠简逸篇，往往而在"，"每多世不经见之本"①，于是命"将《永乐大典》内检出各书，陆续进呈"，"亲加披阅，间予题评"②。《题郦道元水经注六韵》即是其中的一首题咏之作，在诗句"际此完成若有神，南北少讹因未到"下夹注："郦道元仕于北魏，虽曾出使关中，而足迹未曾一至塞外，故《水经注》中所载边地诸水形势未能尽合，即如濡水之源流分合及所经郡县，多有讹舛，至江淮以南，地属齐梁，道元亦未亲履其地。详为考订，只据传闻所及，袭谬沿疑，无怪其说之多辊也。"在《哈萨克使臣至令随围猎并成是什》中，乾隆帝将《史记》《汉书》记载大宛的方位进行对比，"史称大宛东则'扞罙''于阗'。'扞罙'音韵与今之'哈密'为近，《史记》之'扞罙'，《汉书》作'扞弥'又或作'拘弥'。而《史记》所载为最先，《汉书》之'扞弥'或因字画偶误，相沿不改，展转讹谬，至云'拘弥'，则益失之远矣。且'于阗''于阗'音声迥异，二者之间必有一误，'于阗'绝无可考"。乾隆帝评论道："司马迁、班固并未身历其地，即至其地而语言不通，文字不晓，其传讹有必然者。"③

乾隆四十七年（1782），"因豫省青龙冈漫口，合龙未就。遣大学士阿桂之子乾清门侍卫阿弥达前往青海，务穷河源"④，并作《河源》诗指出"《汉书》'河出昆仑'之语"的错误，诗后加按语为之决疑传正："昆仑当在回部中，回部诸水皆东注蒲

---

① 《清实录·高宗纯皇帝实录（十二）》（北京：中华书局，1986），卷934，乾隆三十八年五月己未。
② 《清实录·高宗纯皇帝实录（十二）》，卷941，乾隆三十八年八月甲辰。
③ 《哈萨克使臣至令随围猎并成是什》，《御制诗二集》，卷74。
④ 《清实录·高宗纯皇帝实录（十五）》，卷1160，乾隆四十七年七月己酉。

昌海，即盐泽也。盐泽之水入地伏流，至青海始出。而大河之水独黄……非昆仑之水伏地至此出而挟星宿海诸水为河渎而何，济水三伏三见，此亦一证。"①后又作《咏尤通刻犀角乘槎杯》称："河源自在人间世，汉使讹传星汉槎"，诗后复加按语："明辨旧说之讹"②。在《谒元圣祠》一诗中，乾隆帝对《论语》"子曰：吾久矣不复梦见周公"的记载表示怀疑，诗句"宣尼叹梦见，夫岂在形容"夹注中连发两问："夫子未识周公形容，何从见诸梦寐？""怪力乱神，子所不语。岂肯为此无稽之说乎？"他认为："孔子之不复梦见周公，盖叹其不能复行周公之道，今人于难行之事，未逢之人，率云未曾梦见。夫子之意亦如是而已。"③

乾隆帝还作诗反驳孟子"道仁义而辟尚利"的说法。在《西直门外作》中，他写道："石道重修平似掌，都人士喜利经行。偶思孟子何必曰，那辟乾元亨及贞。"诗后按语对"利"字加以解说："利在乾元四德之中，古圣所言，岂可去其一而不用？且利亦自有公有私，盖利己为私，利人为公。王云：'何以利吾国？'是利人之公也。而劈面折之，曰：'何必曰利！'亦非君子相见，和颜悦色从容中道之理也。"④

作为一个满族皇帝，能对这些儒家经典、史学典籍从考订文字音韵到核实历史地理，一一匡正纠谬，其考据的功力较之乾嘉考据学者也未遑多让！而将考据过程以诗句及诗注的形式记录，既体现其汉文化造诣之深，诗在其生活中的实用性也可见一斑。

---

① 《河源》，《御制诗四集》，卷92。
② 《咏尤通刻犀角乘槎杯》，《御制诗四集》，卷98。
③ 《谒元圣祠》，《御制诗四集》，卷36。
④ 《西直门外作》，《御制诗五集》，卷45。

对儒家文化的认同

经筵是汉唐以来为帝王讲授儒家经典而特设的御前讲席。乾隆帝从乾隆三年(1738)二月守丧期满即举行经筵大典,六十年共举经筵四十九次。从乾隆五年起,乾隆帝每御经筵即作"经筵诗"一首,记录每次经筵的概况,包括日期、进讲题目以及所发御论。通过解读"经筵诗",不仅可以了解乾隆朝经筵状况,亦可以由此解析乾隆帝对儒家文化的态度。在"经筵诗"中,"右文遵旧制,典学重经筵"①"布治遵前矩,崇文御讲筵"②"寄言鱼雅谈经侣,漫作崇儒故事观"③"岂惟遵典制,端以溯心传"④"讵止循名欲求实,敢因戢武忘崇文"⑤等诗句比比皆是,而"岂专恃此每岁春秋两举之文"一句,乃是乾隆帝强调学习儒家经典,不仅在经筵,平时亦不能放松之意。而事实上,对待经筵,乾隆帝并非流于形式,若经筵未能按时举行,只要没有错过春秋两季,乾隆帝即适时补行,"乾隆戊午春,肇举经筵之典,亲制论二篇宣示,迨今岁乙卯,其间非有巡幸诸事岁必行之"⑥。乾隆七年(1742)八月举行经筵之日恰逢有雨,礼部奏请改期,乾隆帝谕令照旧举行,只是安排照例本应"在丹墀内排班行礼"的"执事诸臣","穿雨衣排列"而免去了"阶下行礼"

---

① 《庚申秋日经筵》,《御制诗初集》,卷3。
② 《辛酉仲春经筵亲诣传心殿行礼敬成一章》,《御制诗初集》,卷5。
③ 《仲春经筵》,《御制诗初集》,卷30。
④ 《仲秋经筵》,《御制诗初集》,卷34。
⑤ 《仲春经筵》,《御制诗三集》,卷2。
⑥ 《仲春经筵》,《御制诗五集》,卷94。

及"殿内赐茶"诸仪①。乾隆十年(1745)二月因谒陵未举经筵，乾隆帝谕令于"三月甲申，以补行仲春经筵"②。乾隆四十年(1775)正月二十九日，嘉庆帝的生母令懿皇贵妃薨逝，"例应素服十日"，但乾隆帝仍谕令"所有初六日经筵典礼，仍照常举行"③。从乾隆五十五年(1790)起，乾隆帝就"命皇子、皇孙从至经筵听讲"④。归政后，还督促仁宗按时举行经筵，以掌握"治世临民之本"⑤。乾隆帝凡举经筵必发御论，共做御论九十八篇，汇编为六册，与圣祖御制序《日讲易经解义》《日讲书经解义》《经筵讲章》及列朝《圣训》并"陈之文华殿，以志数典"⑥。对于那些看似重视，实则敷衍的形式主义，乾隆帝必将严加指责："若仅于进讲时敷衍一二，则以为甄综史事，无论挂一漏万，徒为具文，正昔人所谓一部全史，从何处说起者也!"直到晚年，乾隆帝在其所作的诗中还倍加赞叹：

> 外王内圣幼知重，日引月长毫逮谌。
>
> 十六字犹能背读，行何有我愧成吟。

---

① 《清实录·高宗纯皇帝实录(三)》(北京：中华书局，1985)，卷172，乾隆七年八月甲午。
② 《清实录·高宗纯皇帝实录(四)》(北京：中华书局，1985)，卷236，乾隆三年三月甲申。
③ 《清实录·高宗纯皇帝实录(十三)》(北京：中华书局，1986)，卷975，乾隆四十年正月乙卯。
④ 《清实录·高宗纯皇帝实录(十八)》(北京：中华书局，1986)，卷1348，乾隆五十五年二月癸丑。
⑤ 《命皇帝仲春经筵即事》，《御制诗余集》，卷2。
⑥ 《仲春经筵》，《御制诗五集》，卷94。

诗中自注言:"每岁御经筵,先期派大学士一员,于是日黎明至传心殿,恭祭皇师、帝师、王师、先圣、先师。今岁,予以在位六十年,夙契心传,更符初愿,躬亲将事,用展敬虔,文华殿侧传心殿祭以经筵。"①

乾隆帝以儒学作为立国根本。仁政、"爱民"是他评价历代帝王的重要标准。在御制诗中,他斥责汉武帝违反人伦理念的残忍行为:"然其大过在钩弋,理无因数杀其母";称赞周文王"敬天仁民君道该";赞扬汉文帝"收孥相坐在首除,诏定振穷及养老……止辇常受从官言,劝农蠲赋频可考。其间善政不胜书,继世之君诚最好";认为唐太宗"多仁闻,能纳谏,治匪紊,更爱民"。"孝"是儒家伦理道德的核心内容之一。乾隆帝向以事母至孝闻名,"恭侍孝圣宪皇后,承欢颐庆者四十余年。掖辇则祇奉慈宁,居庐则永言孺慕"②。乾隆帝曾在谕旨中说:"朕惟致治之本,孝道为先;尊养之隆,鸿称首重。"③自乾隆帝登极以来,即尊养皇太后于畅春园。"凡庆节,恭迎皇太后御圆明园之长春仙馆,以为例。"④其诗亦云:"园内赐居别一所,卅年庆节憩慈躬",诗下自注曰:"每岁孟春奉圣母幸御园即驻憩于此,行庆度节,至正月杪,始奉慈驾驻畅春园"⑤。不论是居宫中还是圆明园,乾隆帝都常向母亲问安。此情此景于诗中

---

① 《镜香书屋》,《御制诗五集》,卷94。
② 《嘉庆序》,《清实录·高宗纯皇帝实录(一)》(北京:中华书局,1985),卷首。
③ 《清实录·高宗纯皇帝实录(一)》,卷2,雍正十三年九月辛丑。
④ 《清实录·高宗纯皇帝实录(二)》(北京:中华书局,1985),卷60,乾隆三年正月甲子。
⑤ 《长春仙馆礼佛有感》,《御制诗四集》,卷46。

在在多有。除人伦之孝，身为帝王，他认为君主保守光大祖宗基业是最大的孝行。南宋孝宗"居忧未二年，内禅遽政厌。君孝岂在兹，在继祖宗念"，意即批评宋孝宗在根本上违背了君主之"孝"的标准，"盖知恢复之难，故为引避之计，不顾祖宗之基业，惟图一己之便安，岂足语于为君之大体乎"①！

乾隆帝还有意在《全韵诗》中表彰忠烈、标举臣节。《宁远祖氏石坊迭旧作韵二首》诗注对此写道："昨命国史馆以明臣降附本朝者列为《贰臣传》，并视其历著勋绩忠于我朝如洪承畴等为甲编；其进退无据，不齿于人如钱谦益辈为乙编，以示褒贬。"②在平声韵部《世祖施仁胜国》一诗的长篇自注中，盛赞明将史可法、刘宗周、黄道周能"力支残局，矢死全忠"，"均足称一代完人"；称萨尔浒之战等战役中的刘綎、杜松，抵抗农民军战死的周遇吉、蔡懋德、孙传庭等人皆无愧疾风劲草，"凛凛犹有生气"；而降附清朝苟且偷生的前明官吏，皆属丧心无耻。指出追谥明季殉节诸臣和编纂《胜朝殉节诸臣录》一书就是要"准情理而公好恶，即以示彰瘅而植纲常"③。

乾隆帝尤其关注"正统"的归属，他认为"历代相承，重在正统"，"能守其统，人共尊王；失其统，则自取轻辱，实古今不易之通义也"④。曾有四库馆臣"以金为满洲，欲令承辽之统"，乾隆帝批评道："不知辽金皆起于北方，本无所承统，非若宋元之相承递及，为中华之主也。"⑤他说："夫正统者，继前

① 《全韵诗》，《御制诗四集》，卷49。
② 《宁远祖氏石坊迭旧作韵二首》，《御制诗四集》，卷52。
③ 《世祖施仁胜国》，《御制诗四集》，卷48。
④ 《清实录·高宗纯皇帝实录(十三)》，卷1034，乾隆四十二年六月丙午。
⑤ 《清实录·高宗纯皇帝实录(十五)》，卷1142，乾隆四十六年十月甲申。

统，受新命"，"我朝为明复仇讨贼，定鼎中原，合一海宇，为
自古得天下最正"①。他强调"正统必有所系"，"夫天下者，天
下人之天下也，非南北中外所得私"②，"东夷西戎，南蛮北狄，
因地而名，与江南河北，山左关右何异"③，"岂可以东西别之
乎"④？乾隆帝以贯彻春秋大一统之名费尽心机地改造历代正统
政权的谱系及其判断标准，排除民族属性的因素，摈弃华夷之
分，目的在于使清王朝名正言顺地接入中华统绪之中。

汉化事实析论

乾隆帝如此爱好汉文化，不可能反对学习汉文化。乾隆帝
的仰慕汉文化以及清朝汉化的成效，有目共睹；然而，乾隆帝
毕竟是满人，且于乾隆十九年（1754），有鉴于满洲八旗"昔年
勇敢，迩来怯懦"⑤，又于乾隆三十九年（1774），见及"满洲臣
仆俱世受国家豢养之恩，理宜自励成材，期与国家效力，乃不
知自爱，竟成废物，甚属不堪"⑥，至乾隆四十四年（1779），更
发现"国朝定鼎至今，百有余年。八旗满洲蒙古子弟，自其祖

---

① 《清实录·高宗纯皇帝实录（十五）》，卷1142，乾隆四十六年十月甲申。
② 《清实录·高宗纯皇帝实录（十六）》（北京：中华书局，1986），卷
   1225，乾隆五十年二月辛丑。
③ 《清实录·高宗纯皇帝实录（十五）》，卷1168，乾隆四十七年十一月庚子。
④ 《清实录·高宗纯皇帝实录（十六）》，卷1225，乾隆五十年二月辛丑。
⑤ 《清实录·高宗纯皇帝实录（六）》（北京：中华书局，1986），卷474，
   乾隆十九年十月戊午。
⑥ 《清实录·高宗纯皇帝实录（十二）》，卷967，乾隆三十九年九月癸酉。

父生长京城，不但蒙古语不能兼通，即满洲语亦日渐遗忘"①，至乾隆五十年（1785），甚至失望地说："朕临御以来，诰诫再三，务令各勤旧业，今看八旗文武大臣官员子弟射，甚属平常。清语除履历外，再问竟不能答。"②所以他确曾通令八旗："旗人务守满洲淳朴旧习，勤学骑射清语，断不可熏染汉人习气，流入浮华，致忘根本。"③他曾愤懑而言："马步箭乃满洲旧业……全行废弃不习，因循懦弱，竟与汉人无异，朕痛恨之。"④他一再强调要保持满洲传统衣冠、语言、姓氏，并定期举行木兰秋狝、东巡谒祖。

这也成为近些年在美国兴起的"新清史"强调清朝以满洲特性立国的理由所在。如欧立德更强调"满洲之道"（The Manchu Way）在其统治中所起的决定性作用。他认为，正因为清朝统治者一方面在巩固满洲自我认同的同时，善于相容并包其他族群的信仰和习俗，才使之拥有远超前代的疆域和领土⑤。"新清史"所谓"满洲特性"，不过是娴熟骑射、秋狝围猎、通习满文、崇尚节俭，重视"家法""祖制""旧章"等等，但是这些不成问题的族群认同与国家认同并不冲突。乾隆帝一再强调保持满族本色，主要是希图借衣冠、骑射、语言以及满族吃苦耐劳和勇敢

① 《清实录・高宗纯皇帝实录（十四）》（北京：中华书局，1986），卷1088，乾隆四十四年八月甲寅。
② 《清实录・高宗纯皇帝实录（十六）》，卷1228，乾隆五十年四月庚辰。
③ 《清实录・高宗纯皇帝实录（八）》（北京：中华书局，1986），卷620，乾隆二十五年九月癸卯。
④ 《清实录・高宗纯皇帝实录（十二）》，卷967，乾隆三十九年九月癸酉。
⑤ 参见 Mark C. Elliott, *The Manchu Way: The Eight Banners and Ethnic Identity in Late Imperial China*。

善战的传统来警惕并保有民族认同，若谓"朕向以满洲习气淳朴，骑射熟练，胜于汉人，且能耐劳苦"①，而"汉军浮滑习气"②，汉人则"虚漫""无用"③"奢侈靡费"④，"因循懦弱"⑤"徇名利而忘大义"。显然有去芜存菁的用意，绝无意为了族群认同而阻挡汉化，更无否定认同中国的意图。纵览三百年清史，清廷始终自称中国，以合法的中国政权自居。

　　"新清史"的论述强调满族精英所发挥的主体作用，忽略了汉人巨大的贡献。满族与更多的汉族共同缔造了疆域辽阔的大清皇朝。历史事实是，满族入主中原后的持续发展，乃沿前明旧规，得到占大多数汉人的支持。北京仍然是中华帝国的首都，清朝自然在传统中国朝代承续的脉络之中，以儒教立国，重释华夷观、正统论，力图证明其少数民族入主中原的正统与正当性。清帝国虽也保持若干满族旧制，但其本质与运作与入关之前有异，以符合大一统帝国的现实；实际上，终以汉制为主，满制为副。清皇室入主中原，一家独尊，无论满汉或其他民族都是帝王的臣属。就汉族而言，满族统治是反客为主，然就满族而言，汉文化却是反客为主。

　　满汉文化在清初确有冲突，诸如剃发易服，但是当乾隆之世，以儒家为核心的汉文化早已成为主流统治思想，为中华王

---

① 《清实录·高宗纯皇帝实录（七）》（北京：中华书局，1986），卷524，乾隆二十一年十月壬申。
② 《清实录·高宗纯皇帝实录（九）》（北京：中华书局，1986），卷632，乾隆二十六年三月癸卯。
③ 《清实录·高宗纯皇帝实录（十）》，卷760，乾隆三十一年五月辛巳。
④ 《清实录·高宗纯皇帝实录（九）》，卷703，乾隆二十九年正月辛未。
⑤ 《清实录·高宗纯皇帝实录（十二）》，卷967，乾隆三十九年九月癸酉。

朝的发展与兴盛奠定了深厚的思想与文化基础，西方人也称之为"中华盛世"，岂仅仅是"新清史"所谓的"满族盛世"？中华盛世绝无可能仅由满族的固有"家法""祖制""旧章"所能缔造。乾隆帝之仰慕汉文化，对以儒家为主体的中华文化之向往，情见乎辞，在诗作中表现得尤为突出。

乾隆帝原想将儒家忠君爱国思想为主的国家认同，与满人淳朴、勇健、善战的族群认同并行不悖。无奈在历史过程中，满族愈来愈被汉文化经由"同质化"而终被同化，民族特点逐渐消失，清帝国最终归结于汉化。

（崔岩，南开大学历史学院副教授）

六、清朝统治中国成功的代价

——以八旗子弟的教育为例

叶高树

前　言

　　满洲以少数民族入主中原，建立政权进行长达二百六十八年(1644—1911)的统治。满洲人如何以少数的人口对如此复杂的政体维持长期统治？以及在他们的统治下对现代中国有何影响？对清史研究者而言，是既"旧"又"新"，且历久弥新的议题；近年在美国兴起而颇受瞩目的"新清史"，更称之为研究上的两大核心问题①。关于前者，系探讨满洲统治中国成功的原

---

① 参见欧立德：《满文档案与新清史》，(台北)《故宫博物院学术季刊》，24：2(2006年12月)，页2—15。

因，过去学界常着重于汉文化的作用①，1980 年代美国清史学者通过"族群性"理论，阐释满洲族群的自我认同与族群意识，逐渐凝聚出以满洲为中心的研究视角，进而对长期主导清史解释的"汉化"观点进行检讨，遂引发 1990 年代后期"满族汉化"的争议②。反对"满族汉化"的学者认为，即便清朝统治者接受汉族的统治标准与儒家正统，仍然保持满洲与汉族之间的差异，清楚地划分满、汉之间的界线，并强调直到清末，满洲人还是保有强烈的族群意识③。至于后者，传统的研究者大多从中国民族主义出发，致力于论证清朝和明朝或中国的关联性；"新清史"学者挑战清朝是否等同于中国的敏感问题，试图解析清

---

① 1976 年，何炳棣提出：早期满洲统治者有系统地采行"汉化"政策，使清朝成为中国历史上最成功的征服王朝，此一见解对后继的研究者产生深刻的影响。参见 Ping-ti Ho, "The Significance of the Ch'ing Period in Chinese History," *The Journal of Asian Studies*, 26：2（February 1967），pp. 191-193。

② Evelyn S. Rawski, "Presidential Address：Reenvisioning the Qing：The Significance of the Qing Period in Chinese History," *The Journal of Asian Studies*, 55：4（December 1996），pp. 829-838. 针对罗友枝（Evelyn S. Rawsky）对"汉化"观点的批评，坚持捍卫"汉化"立场的何炳棣以犀利的措辞为文予以驳斥，参见 Ping-ti Ho, "In Defense of Sinicization：A Rebuttal of Evelyn Rawski's 'Reenvisioning the Qing'," *The Journal of Asian Studies*, 57：1（February 1998），pp. 123-155。关于这段研究史的讨论，参见王成勉：《没有交集的对话——论近年来学界对"满族汉化"之争议》，收入汪荣祖、林冠群主编：《胡人汉化与汉人胡化》（嘉义：中正大学台湾人文研究中心，2006），页 80—81。

③ Mark C. Elliott, *The Manchu Way：The Eight Banners and Enthic Identity in Late Imperial China*, pp. 2-35. 另参见欧立德著、华立译：《清代满洲人的民族主体意识与满洲人的中国统治》，《清史研究》，2002：4（2002 年 11 月），页 87—90。

朝内陆亚洲与殖民帝国的特质，并将清史纳入世界史的脉络中，重新定义现代中国民族国家的意义①。值得注意的是，在"新清史"引领研究走向、主导讨论议题一段时间之后，中国清史学界在 2010 年前后涌现批判的声浪②，主张应回归"汉文化中心"与"大一统"的基调，并另辟清朝国家认同的论述③，力求取回诠释清史的发言权。目前论者多聚焦于清朝统治对现代中国的影响，对满洲统治中国成功原因的探究，则在经过"汉化"与"反汉化"两种不同的学术见解各自表述之后，"成功"大约是研究上的共识。研究者可以继续为"成功"找出若干"原因"，而清朝统治中国对满洲造成的影响，或者是说清朝为获致"成功"所付出的代价，则有待进一步探讨。

---

① 参见欧立德：《满文档案与新清史》，（台北）《故宫博物院学术季刊》，24：2（2006 年 12 月），页 13—14。

② 例如：刘文鹏：《清朝的满族特色——对近期清代政治史研究动态的思考》，《清史研究》，2009：4（2009 年 11 月），页 132—138；刘小萌：《清朝史中的八旗研究》，《清史研究》，2010：2（2010 年 5 月），页 1—6；杨念群：《超越"汉化论"与"满洲特性论"：清史研究能否走出第三条道路?》，《中国人民大学学报》，2011：2（2011 年 5 月），页 116—124。其中，杨念群认为将清朝对西北的战争视作全球殖民占领是时代错置，以及将边疆史核心化则为空间错置，所谓的"第三条道路"是：确立清朝的战争理念系建立在传统大一统观念基础上，用"华化"取代"汉化"，以代表民族多元共同体的交融过程，可视为目前中国清史学界的阶段性总结。

③ 例如：郭成康：《清朝皇帝的中国观》，《清史研究》，2005：4（2005 年 11 月），页 1—18；杨念群：《重估"大一统"历史观与清代政治史研究的突破》，《清史研究》，2010：2（2010 年 5 月），页 11—13；常建华：《国家认同：清史研究的新视角》，《清史研究》，2010：4（2010 年 11 月），页 1—17；黄兴涛：《清代满人的"中国认同"》，《清史研究》，2011：1（2011 年 2 月），页 1—12。另有关清朝国家认同的（转下页注）

　　清朝以满洲民族共同体为中心、八旗制度为基础建立政权，统治中国期间，为保障少数统治的优势，国家给予旗人政治、经济、社会种种特权；为防范因"少量加诸巨量"而遭吞噬的危机，厉行"不与居民杂处，不与汉人联姻"等政策①，呈现二元统治的特征。身为满洲人或旗人②，由于"满洲旧俗以马步射、清语为要"③，皇帝要求"八旗子弟务以学习国语、专精骑射为

（接上页注）研究介绍，参见刘凤云：《政治史研究的新视野："清代政治与国家认同"国际学术会议研讨综述》，《清史研究》，2011：2（2011年5月），页145—156。较早重提"大一统"史观的学者是郭成康，他对满族"汉化"的论点则是趋近于"新清史"，参见郭成康：《也谈满族汉化》，《清史研究》，2000：2（2000年5月），页24—35。检阅以上各文的内容可以发现，中国清史学界在学术上，理解并同意清朝的满洲因素可以为研究提供新的视野；在政治上，却无法接受"新清史"对清朝与中国的切割，以及边疆民族自外于中国的立论，特别是针对濮德培（Peter C. Perdue）、米华健（James A. Millward）等人有关准噶尔/新疆的研究，故而出现全面的检讨与转向。然而，清史研究从满洲因素再次回复到"汉文化中心"和"大一统"史观，并作为以国家认同取代外来与征服的依据，是否有助于厘清清史研究上两大核心问题的历史意义，仍有待商榷。

① 刘体仁：《亡国灭种之利器》，《异辞录》（太原：山西古籍出版社，1996），卷4，页225。

② 王钟翰将历史上的满洲人和旗人画上等号，视两者为同义词，此说在80、90年代中国的清史研究中，有仁智互见的看法，但影响力却持续扩散，而美国的"新清史"学者也逐渐形成类似的见解，至今几乎成为研究上的新共识。参见王钟翰：《关于满族形成中的几个问题》，《社会科学战线》，1981：1（1981年1月），页129—136。相关研究史的讨论，参见孙静：《"满洲"民族共同体形成的历程》（沈阳：辽宁人民出版社，2008），页12—18；Kent Guy, "Who Were the Manchus? A Review Essay," *The Journal of Asian Studies*, 61: 1 (February 2002), pp. 151-164。

③《清实录·高宗纯皇帝实录（五）》（北京：中华书局，1986），卷367，页1053上，乾隆十五年六月乙未条。

事"①;"满洲旧俗,见义必赴,临阵必先,若征兵选将之时,
己不得与,则深以为耻","以不得致命疆场,为有生之大恨。
此等刚劲之概,勇敢之气,与生俱来,千万人如出一心"②,
具有尚武的传统;而重视伦理、忠君守法、急公好义、勇于
任事诸多高尚的行为③,亦即"淳朴"的风俗④,则被形塑成他
们特有的气质。因此,技能层面的满语(清语)、骑射和精神
层面的尚武、淳朴等要素,便构成识别满、汉或旗、民的
指标。

降及清末,中国社会普遍有"不分满汉,但问旗民"的说
法⑤,反映出征服者和被征服者、统治者和被统治者关系的变
化,由原先不可逾越的族群界线,转变为社会的、户籍的身份
区别。然而,"不分满汉",不代表满洲人既有的特权消失。
满、汉畛域的消弭,或因族群间长期频繁互动成为可能,或因

---

① 中国第一历史档案馆编:《乾隆帝起居注》(桂林:广西师范大学出版
　社,2002),册17,页75下,乾隆二十三年二月二十四日庚辰条。
② 《清实录·世宗宪皇帝实录(二)》(北京:中华书局,1985),卷159,
　页948上,雍正十三年八月辛未条。
③ 例如:"我满洲旧俗淳厚,于骨肉宗族中,最为亲睦",见《清实录·
　高宗纯皇帝实录(三)》,卷196,页516上,乾隆八年七月癸未条;
　"满洲旧习朴诚,肫然有尊君亲上之意,凡遇差使,均能奋勉",见
　《清实录·高宗纯皇帝实录(五)》,卷316,页191下,乾隆十三年六
　月丙辰条;"我满洲旧俗,尚义急公,一闻用兵,无论老壮,咸以不
　得与为耻",见《清实录·高宗纯皇帝实录(六)》,卷475,页1134
　下,乾隆十九年十月甲戌条。
④ 中国第一历史档案馆编:《乾隆帝起居注》,册17,页75下,乾隆二
　十三年二月二十四日庚辰条。
⑤ 《民族问题丛书五种》辽宁省编辑委员会编:《满族社会历史调查》(沈
　阳:辽宁人民出版社,1985),页81。

清廷为谋救亡图存而有机会落实①，才会出现"但问旗民"的结果。纵使时人以为，满洲人自弃象征立国精神的满洲语文，故而导致"二百年间，满人悉归化于汉俗，数百万之众尽为变相之汉人"②，唯其基础更在人们的理念、想象、价值判断等意识的渐趋一致。促成满洲人或旗人在思想、观念上能和汉族沟通、融合的因素，国家对八旗子弟的教育当然是不容忽视的关键之一，然此绝非满洲统治者的初衷，却成为无法违逆的事实，是以探究其中的因果关系，或可了解清朝统治中国成功的代价。

国家教育旗人的政策

16 世纪末，建州女真努尔哈赤（1559—1626，1616—1626在位）崛起之初，"满洲未有文字，文移往来，必须习蒙古书、译蒙古语通之"③。明万历二十七年（1599），努尔哈赤为应付日益频繁的对外交涉、记注政事的需要，以及解决族人说女真语却写蒙古字的特殊现象，命巴克什（baksi，儒者、博士）额尔德尼（？—1623）、扎尔固齐（jargūci，审事官）噶盖（？—1600）"但以蒙古字，合我国之语音，联缀成句，即可因文见义"，将

---

① 关于清末弭平满、汉畛域的诸多措施，参见迟云飞：《清末最后十年的平满汉畛域问题》，《近代史研究》，2001：5（2011 年 9 月），页 28—32。
② 刘体仁：《亡国灭种之利器》，《异辞录》，卷 4，页 225。
③《清实录·满洲实录》（北京：中华书局，1986），卷 3，页 110 下，己亥年正月条。

"蒙古字制成国语，创立满文，颁行国中"①。满文脱胎自蒙文，在草创和初步发展阶段②，对原已惯用蒙古字的女真人而言，在语文转换上不致有太大的困难，但是毫无蒙文基础的新生代，则须通过教育的方式习得。于是，督促子弟学习满文，便成为金国（aisin gurun）建国（1615）后施政的新课题。

努尔哈赤于天命六年（1621），将势力推进至辽沈地区，是继萨尔浒之役（1619）以来对明战争的重大胜利，旋即任命八旗师傅准托侬、博布黑、萨哈廉、乌巴泰、雅星阿、科贝、札海、浑岱等八人为巴克什，专责教导八旗子弟读书③，颇有宣示独立自主的文化意识的用意。虽然当时满文已经普遍在日常文书、记录中使用，唯国家尚处于"无书可读"的环境④，子弟所读之书，大约是巴克什达海（1595—1632）奉命用满文译就的

---

① 《清实录·太祖高皇帝实录》（北京：中华书局，1986），卷3，页44上，己亥年二月辛亥条。

② 努尔哈赤命额尔德尼、噶盖参照畏兀儿体老蒙文，合女真语音草创的满文，称为"老满文"，又称"无圈点满文"，即"未放圈点的满文（tongki fuka sindaha akū manju i hergen）"。皇太极认为"十二字头，原无圈点，上下字无别，塔（ta）达（da）、特（te）德（de）、扎（ja）哲（je）、雅（ya）叶（ye）等，雷同不分。书中寻常语句，视其文义，易于通晓。至于人名、地名，必致错误"，乃在天聪六年（1632）命巴克什达海加以改良，而为"有圈点满文"，意即"放了圈点的满文（tongki fuka sindaha manju i hergen）"，习称"新满文"。见中国第一历史档案馆、中国社会科学院历史研究所译注：《追述满文始加圈点事》，《满文老档》（北京：中华书局，1990），页1196，天聪六年正月十七日条。

③ 满文老档研究会译注：《满文老档Ⅰ·太祖1》（东京：东洋文库，1955），页353—354，天命六年七月十一日条。

④ 参见李光涛：《清太宗与〈三国演义〉》，收入李光涛：《明清档案论文集》（台北：联经出版事业公司，1986），页443—444。

汉文典籍①。金国借助译本充作教材，实为不得已的办法，却有"满洲臣民未习汉文者，亦能兼通汉书"的作用②，也可据以了解汉人社会。此一权宜措施，又逐渐成为早期满洲统治阶层吸收军事知识、累积政治经验的重要途径③。

皇太极（1592—1643，1627—1643 在位）继位之初，似未特别注意子弟的教育问题。直到天聪五年（1631）明、金大凌河城之役，金国围城四个多月，皇太极见城中"人皆相食，犹以死守，虽援兵尽败，凌河已降，而锦州、松山、杏山犹不忍委弃而去"，深感"岂非读书明道理，为朝廷尽忠之故"，促使他反省"己巳之役"（1629—1630）无功而返的原因。是役，大军连下遵化、永平、迁安、滦州四城，直趋北京，却因永平驻守贝勒（beile，王）阿敏（1586—1640）、硕托（1600—1643）失于救援，造成各城相继弃守。皇太极遂归因于"未尝学问，不明道理"所致，故而谕诸贝勒、大臣，曰："自今，

---

① 王钟翰点校：《大臣画一传档正编一·达海》，《清史列传》（北京：中华书局，1987），卷 4，页 187，曰："九岁读书，能通满、汉文义。弱冠，太祖高皇帝召直文馆……旋奉命译《明会典》及《素书》《三略》。"其中《明会典》一书，清朝官书多记作《刑部会典》。另据《清实录·太宗文皇帝实录》（北京：中华书局，1985），卷 12，页 167 下—168 上，天聪六年七月庚戌条，曰："游击巴克什达海卒，时年三十八。……其平日所译汉书，有《刑部会典》《素书》《三略》《万宝全书》俱成帙。时方译《通鉴》《六韬》《孟子》《三国志》及《大乘经》，未竣而卒。初我国未深谙典故，诸事皆以意创行，达海始用满文，译历代史书，颁行国中，人尽通晓。"达海卒于天聪六年（1632），可推知他初事努尔哈赤和翻译汉文书籍的时间，约在金国建国（1616）前后，而官书记载当时从事译书工作者，仅见达海一人。

② 鄂尔泰等修：《儒林传上·大海巴克什》，《八旗通志·初集》（长春：东北师范大学出版社，1985），卷 236，页 5325。

③ 参见叶高树：《清朝前期的文化政策》，页 60—65。

凡子弟十五岁以下，八岁以上者，俱令读书。如有不愿教子读书者，自行启奏。若尔等溺爱如此，朕亦不令尔身披甲出征。"以强制的手段令子弟接受教育，"使之习于学问"，期能达到人人"讲明义理，忠君亲上"的目的①。

关外时期，国家教育旗人的重点，在推展满文和学习知识；入关之后，为因应新的政治情势，以及有效管理汉人与汉地，而有设立学校之议。顺治元年（1644）底，摄政王多尔衮（1612—1650）接纳管国子监祭酒事汉官李若琳（？—1651）之请，仿明朝国子监之制，招收"满洲官员子弟有愿读清书或愿读汉书，及汉官子孙有愿读清汉书者"②，使之"兼通满汉，足充任用"③，是为国子监八旗官学，也称作八旗官学④。次年，甫升任祭酒的汉官薛所蕴（？—1667）另建议就学子弟除读书外，"遇春、秋演射，五日一次，就本处练习，俾文武兼资，以储实用"⑤。所言正投注重尚武精神的满洲统治阶层所好，于是学业与武艺并重，便成为八旗官学教育的课程特色，日后新设的八旗学校亦奉行之。其次，国家不仅为八旗子弟设学，也注意到皇族成员的教育问题。顺治九年（1652），工科副理事官三都

① 《清实录·太宗文皇帝实录》，卷10，页146上—146下，天聪五年闰十一月庚子条。
② 《清实录·世祖章皇帝实录》（北京：中华书局，1985），卷11，页105下，顺治元年十一月乙酉条。
③ 《清实录·世祖章皇帝实录》，卷90，页707下，顺治十二年三月丙申条。
④ 鄂尔泰等修：《学校志二·国子监八旗官学》，《八旗通志·初集》，卷47，页913。铁保等奉敕撰：《学校志二·八旗官学上》，《钦定八旗通志》，景印文渊阁《四库全书》（台北：台湾商务印书馆，1983），册665，卷95，页1。
⑤ 《清实录·世祖章皇帝实录》，卷16，页145下，顺治二年五月戊戌条。

疏请每旗各设宗学，凡未封宗室之子，年十三以上者，俱入宗学，顺治皇帝（1638—1661，1644—1661 在位）指示："每旗设满洲官，教习满书，其汉书，听从其便。"①则是对宗室子弟学习汉文采取开放的态度。

在汉族的官学教育体系中，学校与科举两者密切结合，当八旗国子监官学成立之后，也朝此方向发展。先是，顺治元年十月，多尔衮为吸纳汉族士人，宣布依明制开科考，身为统治集团的八旗成员享有政治特权，自然无须以功名仕进，故最初不在应考之列。迨顺治八年（1651），顺治皇帝亲政，礼部研议八旗科举例，定生员、乡试、会试取中额数，并准满洲、蒙古识汉字者，翻汉字文，不识汉字者，作清字文，汉军则比照汉人例②；乡、会试采分榜制，以满洲、蒙古一榜，汉军、汉人一

---

① 《清实录·世祖章皇帝实录》，卷 70，页 553 下—554 上，顺治九年十二月丁未条。清朝的皇族以太祖努尔哈赤之父显祖宣皇帝塔克世本支为宗室（uksun），伯叔兄弟之支为觉罗（gioro），宗学在康熙朝曾经一度停办，至雍正二年（1724）才恢复；觉罗子弟本无专属学校，其就学规定、管道比照一般旗人，至雍正七年（1729）朝廷始设觉罗学。参见鄂尔泰等修：《学校志四·宗学、觉罗学》，《八旗通志·初集》，卷 49，页 945—949。

② 《清实录·世祖章皇帝实录》，卷 57，页 457 下，顺治八年六月壬申条，曰："凡遇应考年分，内院同礼部考取满洲生员一百二十名、蒙古生员六十名，顺天府学政考取汉军生员一百二十名。乡试取中满洲五十名、蒙古二十名、汉军五十名，各衙门无顶带笔帖式（bithesi，掌理文书、翻译的官员）亦准应试。满洲、蒙古识汉字者，翻汉字文一篇，不识汉字者，作清字文一篇，汉军文章篇数如汉人例。会试取中满洲二十五名、蒙古十名、汉军二十五名，各衙门他赤哈哈番（taciha hafan，博士官）、笔帖式哈番，俱准应试。满洲、蒙古识汉字者，翻汉字文一篇，作文章一篇，不识汉字者，作清字文二篇，汉军文章篇数如汉人例。"

榜①。影响所及，八旗人等"专尚读书，有子弟几人，俱令读书，不肯习武"②，加以旗人通过考试"即得升用"，子弟多"崇尚文学，怠于武事，以披甲为畏途，遂至军旅较前迥别"③，满洲王公旧臣遂提出"殊违我朝以武功定天下之意"的质疑④，而顺治皇帝过度亲近汉族官僚、倾慕汉文化的态度，亦令他们不满⑤。

顺治皇帝在守旧派满洲大臣的要求下，不得不下令针对旗人读书、考试、晋用等事，进行全面检讨，包括：一、顺治十一年（1654），谕令宗学"既习满书，即可将翻译各样汉书观玩，着永停其习汉字诸书"⑥；二、顺治十三年（1656），规定"其考试生员、举人、进士，及部院衙门选用，俱应于额定数内读书者，准其选用考试。额外私自读书子弟，不准选用考试"，亦即各项考试应试者须具备官学生身份⑦；三、顺治十四年

---

① 《清实录·世祖章皇帝实录》，卷 59，页 464 下，顺治八年八月乙卯条。对汉军而言，分榜录取并不代表他们必须和汉人竞争，从上页注②取中人数的规定可知，在固定录取名额的前提下，汉军的参政权利仍获得保障。汉军与汉人同榜的原因，当与两者考试内容相同有关。

② 鄂尔泰等修：《学校志二·国子监八旗官学》，《八旗通志·初集》，卷 47，页 914。

③ 《清实录·世祖章皇帝实录》，卷 106，页 831 下，顺治十四年正月甲子条。

④ 鄂尔泰等修：《学校志二·国子监八旗官学》，《八旗通志·初集》，卷 47，页 914。

⑤ 参见周远廉：《清帝列传·顺治帝》（长春：吉林文史出版社，1993），页 311—323、334—345。

⑥ 《清实录·世祖章皇帝实录》，卷 84，页 658 下—659 上，顺治十一年六月丁卯条。

⑦ 鄂尔泰等修：《学校志二·国子监八旗官学》，《八旗通志·初集》，卷 47，页 914。

（1657），有鉴于科举出身或考取各部院衙门他赤哈哈番（taciha hafan，博士官）、笔帖式哈番（bithesi，掌理文书、翻译的官员；hafan，官）的旗人，“徒以文字，由白身优擢六、七品官”，升迁既速，又“得免从军之役”，遂宣布“今后限年定额考取生童，乡、会两试，俱着停止”，初任笔帖式者“停其俸禄，照披甲例，给以钱粮”，任满三年通过考核后，再核给官品、俸禄①，使旗人读书入仕的优势不再，以期维持满洲尚武的传统。

就统治者的立场而言，读书、考试并非旗人的本务，但是督促八旗子弟读书，有为国家培养治理人才的作用；同意旗人参加科考，则有向汉族展现旗人文武兼备的用意②。当子弟过度热衷举业，停止应举或为釜底抽薪之策，却衍生出八旗生员“无上进之阶”的问题③，实有违国家维护旗人参政权利的用心，因此自康熙二年（1663）起重开八旗乡试。为避免重蹈八旗子弟竞相应举导致骑射荒疏的覆辙，朝廷另于康熙六年（1667）从御史徐诰武之请，取消旗人应举的特别待遇，命满洲、蒙古、汉军与汉人同场一例考试④，以提高考试难度作为限制。及康熙十二年（1673）底爆发“三藩之乱”，在此用武之际，议政王大臣等对旗人“专心习文，以致武备懈弛”表示忧心，认为“若令八旗子弟与汉人一体考试，必偏尚读书，有误训练”，而有康熙

———

① 《清实录·世祖章皇帝实录》，卷106，页831下—832上，顺治十四年正月甲子条。
② 参见陈文石：《清代满人政治参与》，收入《明清政治社会史论》（台北：台湾学生书局，1991），下册，页659—660。
③ 鄂尔泰等修：《选举表一》，《八旗通志·初集》，卷106，页3391。
④ 《清实录·圣祖仁皇帝实录（一）》，卷24，页328下，康熙六年九月丁未条。

十五年(1676)暂令停考之议①；直到康熙二十六年(1687)，始全面开放旗人应试②。

康熙二十八年(1689)，康熙皇帝(1654—1722，1662—1722在位)在“学习骑射，原不妨碍读书”的前提下，根据兵科给事中能泰“考取满洲生员，宜试骑射”的建议，制定旗人考试举人、进士，亦令骑射的办法③，应试者须先经兵部验看马、步箭，能射者方准入场④。这项在科举考试中加入满洲因素的新措施，成为要求读书旗人保持骑射能力的手段，一直沿用到光绪三十一年(1905)废除科举为止。此即雍正皇帝(1678—1735，1723—1735在位)宣称的“文武学业，俱属一体”的教育理念，他也深知八旗面临“因居汉地，不得已与本习日以相远”的考验，犹坚持“虽教以读书，亦不可弃置本习”的原则⑤。

---

① 《清实录·圣祖仁皇帝实录(一)》，卷63，页816下，康熙十五年十月己巳条。

② 允禄等监修：《礼部·贡举二·乡试通例》，《大清会典(雍正朝)》，收入《近代中国史料丛刊·三编》(台北：文海出版社，1995)，第78辑，册722，卷73，页4543。

③ 《清实录·圣祖仁皇帝实录(二)》，卷140，页533下，康熙二十八年三月丁亥条。

④ 铁保等奉敕撰：《选举志一·八旗科第·八旗乡会试缘起》，《钦定八旗通志》，卷102，页7。

⑤ 允禄等奉敕编：《世宗宪皇帝上谕八旗》，景印文渊阁《四库全书》，册413，卷2，页25—27，雍正二年七月二十三日，办理船厂事务给事中赵殿最请于船厂地方建造文庙设立学校令满汉子弟读书考试等语具奏，奉上谕。上谕中的“本习”，是指武略、骑射，以及纯一笃实、忠孝廉节之行，不但有技能层面的骑射，还包括精神层面的尚武、淳朴等特质。

　　另一方面，入关之初，据称"综满洲、蒙古、汉军皆通国语"①，虽然当时已有"习汉书，入汉俗，渐忘我满洲旧制"的疑虑②，但是相较于骑射，旗人满语生疏的情形似不明显。康熙十二年，康熙皇帝下令编纂满文字书，尝言"此时满洲，朕不虑其不知满语"，亦即经过一个世代之后，八旗人等尚能维持一定的满语能力；令人担忧的是"后生子弟渐习汉语，竟忘满语，亦未可知"③。迨康熙四十七年（1708）《清文鉴（manju gisun i buleku bithe）》书成之时，他也不得不承认"老成耆旧，渐就雕谢，因而微文奥旨久而弗彰，承伪袭舛习而不察，字句偶有失落，语音或有不正"④，颇有新生代已大不如前之叹。康熙皇帝既已预见问题，却未提出因应对策予以防制，自有可议之处，但国子监八旗官学以及康熙朝中期以降陆续设立的各种八旗学校是以满文教育为主，仍能担负传承满文的任务。

八旗学校教育的内容

　　成书于乾隆四年（1739）的《八旗通志》，扼要地说明国家为八旗子弟立学设教的目的、旗人入学的途径等，曰：

---

① 宗室昱盛、杨钟羲同辑：《叙录》，《八旗文经》，收入《中华文史丛书》（台北：华文书局，1969），第 11 辑，册 90，卷 60，页 1。

② 《清实录·世祖章皇帝实录》，卷 84，页 658 下，顺治十一年六月丁卯条。

③ 中国第一历史档案馆整理：《康熙起居注》（北京：中华书局，1984），页 93，康熙十二年四月十二日辛亥条。

④ 清圣祖御制，张玉书、允禄等奉敕编：《序·清文鉴序》，《圣祖仁皇帝御制文集·第三集》，景印文渊阁《四库全书》，册 1299，卷 20，页 8。

　　凡八旗子弟，身际隆平，弢弓鼓箧，敦品行，习礼仪，胥于学校是赖。于是自国学，顺天、奉天二府学，分派八旗生监外，又有八旗两翼咸安宫、景山诸官学、宗人府宗学、觉罗学，并盛京、黑龙江两翼义学，规模次第加详。其间世家胄子，暨闲散俊秀，涵濡教化，陶咏文章，彬彬乎贤材蔚起矣。……我朝创制立法，所以作养人材者，云汉天章，光于四海。而八旗学校，与义学兼设，尤为酌古宜今，可大可久，猗与盛哉。①

　　就目的而言，最初开办国子监八旗官学，是为教导子弟"兼通满汉，足充任用"，当统治局势稳定之后，则在提倡文教。就途径而言，又可分为进入汉族教育系统和八旗学校。

　　进入汉族教育系统者，包括：一、国子监八旗监生，凡觉罗（gioro，远支宗室）荫生，以及文武官员、包衣（booi，家人）佐领下四品以上官员、宗室二品以上、不入八分公等子弟，得入国子监读书，再授予官职②；二、顺天府学，自顺治八年准

————————

① 鄂尔泰等修：《学校志·序》，《八旗通志·初集》，卷46，页895。

② 鄂尔泰等修：《学校志·国子监八旗监生·八旗子弟入监缘由》，《八旗通志·初集》，卷46，页895—896，曰："顺治十一年议准，凡觉罗荫生，照各官荫生例，一体送监读书。……十八年，恩诏：'满汉官员、文官在京四品以上，在外三品以上；武官在京、在外二品以上，各送一子入监。护军统领、副都统、阿思哈尼哈番（ashan i hafan，男爵）、侍郎、学士以上之子，俱为荫生。其余各官之子，俱为监生。'康熙四年定：恩诏准荫者，先送国子监读书，后授官职。……（康熙九年）包衣下一品官子弟，许其承荫。二品至四品，各荫一子入监读书。……康熙五十二年，恩荫：宗室一品、二品，照满汉文武大臣例，送一子入监读书。其未入八分公，亦照民公例，送一子入监读书。"所谓"八分"，是指金国（aisin gurun）时期在八旗制度下，共享政治、（转下页注）

许八旗参加科举以来，无论在京或驻防，满洲、蒙古、汉军子弟均归顺天府考试，成为定例，其生童岁、科两考，廪生、增生之设，皆比照汉人例，亦得选拔生员入监肄业①；三、奉天府学，自康熙十二年起，盛京旗下子弟通习汉文者，准与盛京民童一体考试生员，其乡、会试则编入在京满洲、蒙古、汉军数内一并考试②。他们学习的重点，自然是汉族传统的经、史教育。

进入八旗学校者，依招收对象可分为：一、官员子弟，有国子监八旗官学（顺治元年设），具世职身份者则入世职官学（乾隆十七年设，1752）；二、内务府辖下子弟，有景山官学（康熙二十五年设，1686）、咸安宫官学（雍正七年设，1729）、圆明园学（雍正十年设，1732）、东陵八旗官学（乾隆年间设）；三、宗人府辖下子弟，有宗学（顺治九年设，康熙二十四年〔1685〕停开，雍正二年〔1724〕复开）、觉罗学（雍正七年设，1729）、盛京宗学觉罗学（乾隆二年设，1737）；四、军营子弟，有八旗教场官学（雍正元年设，1723）、健锐营学（乾隆四十年设，1775）、外火器营学（嘉庆二十一年设，1816），各学教学以

（接上页注）经济等权利的特殊体制；"入八分"系在此体制下，宗室中的高阶成员所拥有的特权与某种资格。崇德元年（1636），定宗室封爵制度，封辅国公以上，与封镇国将军以下，是"入八分"与"不入八分"的分界线，以前的"不入八分"者，即使得到皇帝破格封为公爵，也要特别注明是"不入八分公"（包括不入八分镇国公、不入八分辅国公）。参见杜家骥：《八旗与清朝政治论稿》（北京：人民出版社，2008），页61—69。

① 参见铁保等奉敕撰：《学校志六·顺天府学生员》，《钦定八旗通志》，卷99，页1—5。

② 参见铁保等奉敕撰：《学校志七·奉天府学生员》，《钦定八旗通志》，卷100，页1—4。

清书、汉书、骑射为主，并兼习翻译①。在官学之外，又有义学作为补充，包括：无意参加文科举或未能进入八旗学校的子弟，可选择进入义学(康熙三十年设，1691)②；对投身举业却因"家贫不能延师之童生"，则有礼部义学(雍正二年设，1724)③；为使京营八旗子弟普遍接受满语、骑射教育，凡佐领下十二岁以上未曾读书的余丁，俱令入八旗清文学(雍正七年设，1729)学习④。

---

① 参见昆冈等修：《礼部·学校·宗学、觉罗学、咸安宫官学、景山学》，《钦定大清会典事例(光绪朝)》，收入《续修四库全书》(上海：上海古籍出版社，1997)，册 804，卷 393，页 275 下—283 下。《礼部·学校·八旗官学、东陵官学、健锐营学、外火器营学、圆明园学、世职官学、盛京官学》，《续修四库全书》，卷 394，页 284 上—300 上。各学教学重点略有不同，随着时间也有调整，举其要者，例如：国子监八旗官学的蒙古学生习蒙文、满蒙文翻译；世职官学、教场官学只读清书；圆明园学设立之初专读汉书，乾隆二十一年(1756)奉旨改读清书。

② 《清实录·圣祖仁皇帝实录(二)》，卷 150，页 667 下，康熙三十年三月乙未条，曰："十岁以上者，各佐领于本佐领内，选优长者一人，满洲旗分幼童，教习满书、满语；蒙古旗分幼童，教习满洲、蒙古书、满洲、蒙古语；汉军幼童，教习满书、满语，并教习马步箭。"

③ 允禄等监修：《礼部·学校·官学》，《大清会典(雍正朝)》，卷 76，页 4797。礼部义学之名，见昆冈等修：《礼部·学校·礼部义学》，《钦定大清会典事例(光绪朝)》，卷 394，页 296 下。

④ 参见鄂尔泰等修：《学校志四·八旗义学》，《八旗通志·初集》，卷 49，页 955—958。京营八旗清文学成立后，盛京也比照办理，但仅招收汉军子弟，称为清文义学，见昆冈等修：《八旗都统·教养·盛京义学》，《钦定大清会典事例(光绪朝)》，收入《续修四库全书》，册 813，卷 1135，页 633 下。又清朝官书对义学、礼部义学、八旗清文学三者的关系并未清楚说明，大体上义学和礼部义学同时存在一段时间，到雍正六年(1728)，义学为礼部义学所取代；当八旗清文学成立后，礼部义学仍继续运作，至乾隆二十三年(1758)，以礼部义学功能不彰，下令停止办理，八旗清文学则仍行存留。参见叶高树：《清朝的旗学与旗人的翻译教育》，《台湾师大历史学报》，第 48 期(台北，2012 年 12 月)，页 94—97。

上述八旗学校多设在京畿，而各地驻防亦开办学校。先是，康熙三十年，朝廷以"盛京系发祥重地，教育人材，宜与京师一体"，议准成立盛京八旗官学①；旋以招抚库雅喇、赫哲、锡伯、卦尔察、达斡尔诸部颇见成效，将之编为佐领，称为"新满洲（ice manju）"，且在吉林、黑龙江陆续筑城设防的同时，即依盛京八旗官学的规制，成立驻防官学，按佐领选补学生②，为驻防设学之始。相对于东北设防、兴学同步展开，关内驻防成立虽早，却在"弁兵驻防之地，不过出差之所，京师乃其乡土也"的政策指示下③，国家并未提供驻防兵丁子弟接受教育的机会。乾隆二十一年（1756），乾隆皇帝宣布恩准驻防官兵在当地置产、立坟，不必回京④，此一变动势必影响驻防子弟学习

① 《清实录·圣祖仁皇帝实录（二）》，卷150，页667上，康熙三十年三月乙未条。

② 东北筑城设防自康熙朝中期持续到雍正朝始告一段落，期间设立的官学包括：吉林乌喇官学（康熙三十二年，1693）、宁古塔官学（康熙三十二年，1693）、墨尔根城官学（康熙三十四年，1695，此即《八旗通志·初集》所言的"黑龙江两翼义学"）、黑龙江官学（康熙年间）、齐齐哈尔城学（康熙年间）、伯都讷官学（雍正四年，1726）、三姓官学（雍正五年，1727）、阿勒楚喀官学（雍正五年，1727）、珲春官学（雍正五年，1727）、乌拉官学（雍正七年，1729）。参见张杰：《满族要论》（北京：中国社会科学出版社，2007），页185—187。

③ 《清实录·世宗宪皇帝实录（二）》，卷121，页593上，雍正十年七月乙酉条。八旗驻防采取轮调制，系差遣性质，兵丁及其家属终究要回到京师，然因关内地域辽阔而窒碍难行，国家只能以政策令驻防旗人与京师保持密切联系。参见定宜庄：《清代八旗驻防研究》，页90—93。

④ 中国第一历史档案馆编：《乾隆朝上谕档》（北京：档案出版社，1998），册2，页827下，乾隆二十一年二月初二日，内阁奉上谕，曰："嗣后驻防兵丁，着加恩准其在外置立产业，病故后，即着在各该处所埋葬"；《清实录·高宗纯皇帝实录（七）》，卷511，页465上，（转下页注）

满语、骑射的技能，于是设学兴教便成为重要的相应措施，其形式则仿照京营的八旗清文学①。

八旗学校经雍正、乾隆两朝的发展，上自皇族成员下至兵丁子弟，从京营到驻防，国家已为不同阶层、各个驻地的旗人兴办学校，让他们能够普遍接受教育。就读书的内容而言，努尔哈赤十三世孙爱新觉罗·瀛生（1922—2013）曾向前清正黄旗官学满文教师阿克敦布学习满文长达十二年（20世纪20—30年代），他根据个人的经验和认知，以及家人、亲友的回忆，重建晚清旗学正规语文教育的概况，略为：在学习满语语法的同时，读到的第一本书是满汉合璧《三字经》，之后为《四书》，再读诸经，都是满汉合璧本；也只有兼通满、汉语文，熟读经史，掌握翻译，并学会步射、骑射的人，才符合清政府的要求②。因此，晚清八旗子弟的知识基础，是建立在汉文典籍的满文译本之上；究其本质，实与汉族传统的经、史教育相同。然而，

（接上页注）乾隆二十一年四月丁卯条，曰："嗣后各省由驻防兵升用官员，亦照驻防兵，准在彼置产安葬，妻子家口，不必回京。若由京补放之员，在任告休、革退并物故，其骨殖家口，愿在外置产立茔者听，愿归旗者仍来京。"这次政策的调整，与乾隆十九年（1754）大规模出旗政策的实施有关，参见定宜庄：《清代八旗驻防研究》，页230—238。

① 满洲入关后，八旗驻防体系不断变动、调整，大约在乾隆四十年代（1776—1785）始趋于稳定，参见定宜庄：《清代八旗驻防研究》，页102—109、114—115。又关于雍正、乾隆两朝驻防八旗兴办学校的情形，参见叶高树：《清朝的旗学与旗人的翻译教育》，《台湾师大历史学报》，第48期（台北，2012年12月），页97—102。

② 参见爱新觉罗·瀛生：《谈谈清代的满语教学》，《满族研究》，1990：3（1990年7月），页43—49。文中另指出，自乾隆朝中期以后，旗人社会私人办学大兴，家学、私塾除满、汉文课程之外，亦教导步射、骑射。

成书于嘉庆四年(1799)的《钦定八旗通志》在阐明八旗学校教育的作用时，已经将重心置于儒家礼教的一面，曰：

> ……至中人以上、以下，课以经义，则不能不从事于讲肄；从事于讲肄，则不能不读圣贤之书；读圣贤之书，则耳濡目染，渐至于心领神会，晓然于事理之是非。事君必能知大义，临事亦必能知大体，即其限于材质，不能大成者，亦可娴于礼教，明于廉耻，凛然不敢妄为，而不失开国敦庞之旧俗。①

虽然此说不违背自顺治皇帝以来"崇儒重道"的基本国策②，但是不符合统治者对旗人保持"本习"的要求。官书论述设立八旗学校的目的与意义的转向，反映出使用翻译自汉文典籍的教材，无论形式是满文本、蒙文本、满汉合璧本或满蒙合璧本，不可避免地会造成汉族的思维模式与价值取向渗入旗人群体之中。

儒家经典在汉族教育系统中占有重要地位，满洲统治者通过翻译的方式，用以了解汉人的思想行为模式，进而达到统治的目的，同时也作为八旗学校的教材③。例如：顺治年间，内

---

① 铁保等奉敕撰：《学校志·序》，《钦定八旗通志》，卷94，页2—3。
② 《清实录·世祖章皇帝实录》，卷74，页585上，顺治十年四月甲寅条。"崇儒重道"的统治理论，更重要的意义在于针对汉族，参见叶高树：《满洲君主塑造政权认同的论述》，收入黄宽重主编：《基调与变奏：七至二十世纪的中国(三)》(台北：台湾政治大学历史学系，2008)，页279—281。
③ 参见稽穆(Martin Gimm)：《满洲文学述略》，收入阎崇年主编：《满学研究》，第1辑(长春：吉林文史出版社，1992)，页195、204—206。

院六品他赤哈哈番阿什坦(? —1683)用满文译出《大学》《中庸》《孝经》诸书刊行，以教旗人①；康熙十二年，由翰林院掌院学士傅达礼(? —1675)主持翻译的《大学衍义》告竣，即"分给八旗官学各一部，以资肄习"②。其后，无论是汉族传统的四书五经，或是清朝新编的《御选古文渊鉴》《御纂性理精义》等，都陆续有满文译本问世③。这类使用满文编写的教材，理论上满文是八旗子弟学习的重点，满洲统治阶层也主观地认为"既习满书，即可将翻译各样汉书观玩"，却忽略教材的实质内容及其潜移默化的影响。是以国家希望借由八旗学校教育来维系满语、骑射的民族技能，并作为满、汉或旗、民之间的区隔，却没有提供具有满洲特色的教材，而是直接将汉文化的因素融入他们努力经营的八旗教育系统中。

究其所以，或与清初诸帝的治汉政策有关。儒家学说长期在政治力的扶持下，成为中国学术思想的主流与历代帝王施政教化的准则，汉族更奉之为民族文化的精神象征。顺治皇帝揭示"兴文教，崇经术，以开太平"的治国理念④，康熙皇帝致力将自己塑造成符合儒家"内圣外王"的"圣君"形象⑤，目的都在争取汉族士人对政权的支持与认同。雍正皇帝更明白地表示，

---

① 陈康祺：《圣祖称完颜给谏为大儒》，《郎潜纪闻·二笔》(北京：中华书局，1984)，卷3，页362。
② 中国第一历史档案馆整理：《康熙起居注》，页84，康熙十二年二月三十日庚午条。
③ 参见叶高树：《清朝前期的文化政策》，页65—83。
④ 《清实录·世祖章皇帝实录》，卷90，页712下，顺治十二年三月壬子条。
⑤ 参见黄进兴：《清初政权意识形态之探究：政治化的"道统观"》，《中研院历史语言研究所集刊》，58.1(台北，1987年3月)，页105—131。

尊崇孔子系着眼于"为益于帝王"的一面①，则将儒家视为治理汉人的一种手段或工具。皇帝一再强调"八旗为本朝根本"②，却驱策身为政权基础的八旗子弟在学校学习儒家典籍，究竟是因施政上的盲点，而将"以汉治汉"的策略错置在旗人身上，抑或是刻意添加儒家的成分，深化八旗子弟"尊君亲上之心"③，以巩固国家根本，其中的因果关系实不易厘清。纵使皇帝本人很清楚应如何把持或操作其中的界限，灵活地扮演"两面人"的角色④，对无法体会上意的旗人而言，势必产生认知上的混淆，结果可能会造成操着流利满语、拥有傲人骑射技术、对皇帝有着高度向心力的八旗子弟，内心世界却是充斥着汉族的或儒家的意识形态。当嘉庆朝以后，各驻防行政长官在驻防城中引进汉族的书院教育⑤，对八旗子弟意识形态的转化，更有推波助澜的作用。

至于披甲当差的旗人，或是没有进入学校接受教育的八旗子弟，亦无法自外。先是，康熙皇帝根据汉人社会的伦理规范，

---

① 清世宗御制：《碑文·修建阙里圣庙碑文》，《世宗宪皇帝御制文集》，景印文渊阁《四库全书》，册1300，卷16，页1。

②《清实录·世宗宪皇帝实录（一）》，卷41，页614下，雍正四年二月辛卯条。

③ 中国第一历史档案馆编：《雍正朝起居注册》（北京：中华书局，1993），页1376上，雍正五年七月十九日癸酉条。

④ Mark C. Elliott, *The Manchu Way: The Eight Banners and Enthic Identity in Late Imperial China*, p. 347.

⑤ 例如：杭州驻防的梅青书院、荆州驻防的辅文书院，广东驻防则先以满、汉"义学"的名义延聘民籍儒者为师，后改为明达书院。参见张大昌辑：《建牙志盛·梅青书院》，《杭州八旗驻防营志略》，收入《续修四库全书》，册859，卷17，页292下。希元等纂修：《学校志·书院》，《荆州驻防八旗志》，收入《续修四库全书》，册859，卷7，页479上。长善等修：《建置志·义学、明达书院》，《驻粤八旗志》，收入《续修四库全书》，册859，卷3，页702上。

颁布以"教化为先"的"圣谕十六条"①，经雍正皇帝演绎成《圣谕广训》，传谕各地定期宣讲；自雍正三年（1725）起，又陆续在旗人社会实施。对象包括：八旗佐领下，于每月初一日，传集该管官兵，明白讲解，教场射箭之期，亦令讲解②；觉罗人等十八岁以上未曾读书者，于每月朔、望传集该旗公署，进行宣讲③；内务府及各王公庄头，并八旗废员以及废员子弟、家人等，则于农隙之时宣讲④。国家以社会教育的形式，定期宣扬正人心、厚风俗、劝善惩恶的儒家教条，使他们习得汉族式或儒家式的忠顺伦常观念，同样能有效地教化旗人。

读书旗人与考试制度

清朝官员入仕，以"科甲及恩、拔、副、岁、优贡生、荫生出身者为正途"，"非科甲正途，不为翰、詹及吏、礼二部官，惟旗员不拘此例"⑤，旗人既不受正途、异途之限，未必汲

---

① 《清实录·圣祖仁皇帝实录（一）》，卷 34，页 461 上—461 下，康熙九年十月癸巳条。

② 允禄等奉敕编：《世宗宪皇帝谕行旗务奏议》，景印文渊阁《四库全书》，册 413，卷 3，页 6—7，奏入于雍正三年四月二十三日，奉旨：知道了。

③ 允禄等奉敕编：《世宗宪皇帝上谕旗务议覆》，景印文渊阁《四库全书》，册 413，卷 7，页 25，奏入于雍正七年十二月十九日，奉旨：依议。

④ 允禄等奉敕编：《世宗宪皇帝上谕旗务议覆》，卷 8，页 24—25，奏入于雍正八年八月初九日，奉旨：依议。

⑤ 赵尔巽等：《选举志五·推选》，《清史稿》（北京：中华书局，1977），卷 110，页 3205。旗人的"正途"另有翻译进士、翻译举人、翻译生员、八旗官学生、八旗义学生、觉罗学生等，见昆冈等修：《吏部·文选清吏司》，《钦定大清会典（光绪朝）》，收入《续修四库全书》，册 794，卷 7，页 80 下。

汲于功名①。然而，随着人口自然繁衍，一般旗人家庭子弟通常只有一人能够披甲当差，而挑补养育兵的名额也极为有限②，读书、考试成为八旗子弟寻求入仕的途径之一，也是解决家庭生计问题的方法。读书旗人可以经由文科举、翻译科考，或参加部院衙门笔帖式、中书、库使，以及各史馆的翻译、誊录，或八旗学校的助教、教习等文职考试，取得任官的资格。

选择参加文科举的旗人，必须和汉人同场竞争，非熟读汉文经、史，无法脱颖而出。清朝科举的命题规制，例如：康熙朝定考试童生，出《四书》题一，令作时文，《小学》题一，令作论；雍、乾年间大约是《四书》文两篇，论题一道则自《孝经》与《小学》兼出，其后屡有调整③。乡、会试系以顺治三年（1646）

---

① 参见韩晓洁：《清代满人入仕及迁转途径考》，《满族研究》，2009：4（沈阳，2009年11月），页61—66。作者统计一百位满洲内阁大学士、协办大学士的出身，可分为十八种，其中以科举二十五人、笔帖式二十一人、世爵世职十四人、翻译科六人、侍卫六人、参军入伍五人较多，可知旗人的出身极为多元，有别于担任同样职位的汉族官员几乎都是进士。
② 养育兵又称教养兵，初设于雍正二年（1724），并持续实施至清末，办法略为：八旗都统按其佐领多寡，平均挑取麾下贫困、射箭好而可以学习的另户余丁，满洲、蒙古每人每月给三两钱粮，汉军给二两钱粮，每旗满洲四百六十名、蒙古六十名、汉军一百二十名，八旗共得员额五千一百二十人。见允禄等奉敕编：《上谕旗务议覆》，卷2，页2—5，八旗都统护军统领副都统等议覆，奏入于雍正二年二月初九日，奉旨：依议。另据《活计档》，自顺治十一年（1654）至雍正元年（1723）七十年间，满洲男丁由49660人增长为154329人，蒙古男丁由25927人增长为58798人，分别增加三倍与二倍之多，养育兵能够提供的员缺实属有限，参见安双成：《清代养育兵的初建》，《历史档案》，1991：4（北京，1991年11月），页87—89。
③ 参见昆冈等修：《礼部·学校·考试文艺》，《钦定大清会典事例（光绪朝）》，卷388，页192下—194下。

的范围为基础，第一场《四子书》三题，《五经》各四题；第二场
论一篇，诏、诰、表各一，通判五条；第三场经、史、时务策
五道，历年颇有损益①。对进入汉族教育系统的旗人而言，自
然具备应考的能力。对就读八旗学校的子弟来说，学习满文，
内容不外四书五经；学习翻译，须能兼通满、汉，亦足以应付
文科举。例如：乾隆十三年（1748）戊辰科进士三甲第十四名正
黄旗洲武纳翰，即是翻译生员出身②。又坊间书肆常搜集历科
考古题或佳卷，编印成书，以应士子需求。乾隆二十九年
（1764），刘坦之（崧云）以"坊本所购，仅有策文，而无全题，
又无批点，虽连篇累牍，不只其所以然，而所对与所问之合与
否，究不得而考也"，乃"精选近科试策为当代名公所特取者，
附载全题，逐一详加评点，使阅者了如指掌"，辑为《试策法
程》一书，"俾习举业者确然知所从事"③。特别的是，此书有满
汉合璧抄本流传，显然是供学习满文的八旗学校学生准备应文
科举之用。

其次，自雍正元年起，雍正皇帝为鼓励八旗满洲、蒙古学
习清语，特仿文科举之制，创设翻译科考，考试翻译生员、举
人、进士④；雍正三年，覆准八旗汉军"照满洲、蒙古例，俱准

---

① 参见昆冈等修：《礼部·贡举·命题规制》，《钦定大清会典事例（光绪
　朝）》，卷331，页286上—295下。
② 中国第一历史档案馆摄制：《乾隆十三年会试录》，《清代谱牒档案·
　缩影资料·内阁会试题名录》（北京：中国第一历史档案馆技术部，
　1983）。
③ 刘坦之：《试策法程序》，《试策法程》，清满汉合璧抄本（东京：东洋
　文库藏），页1—3。
④ 《清实录·世宗宪皇帝实录（一）》，卷3，页85上，雍正元年正月丙
　申条。

考试翻译"①；雍正九年（1731），皇帝因见蒙古旗分人"能蒙古语言、翻译者甚少"，另比照满文翻译之例，考试蒙古文翻译②，于是翻译科考分为满洲翻译科、蒙古翻译科，是极具满洲特色的制度。考试满洲翻译生员，系将《四书直解》内，限三百字为题，翻满文一篇③；考试蒙古翻译生员，于满文《日讲四书解义（inenggidari giyangnaha s'yšu i jurgan be suhe bithe）》内，视汉文至三百字为准，出题一道，令以蒙古文翻译④。翻译乡试（举人）的考题，乾隆初年议定，于《性理精义》《小学》内，以汉字三百字为限，出翻译题一道，再于满文《四书》内命一题，令士子作满文一篇；翻译会试（进士），第一场试《四书》满文一篇、《孝经》《性理》满字论一篇，第二场试翻译一篇，殿试则另请钦颁翻译题一道⑤。应翻译科者，亦比照康熙二十八年旗人应文科举之例，入场前须先验看骑射⑥。

---

① 允禄等监修：《礼部·贡举三·翻译国书科举通例》，《大清会典（雍正朝）》，卷74，页4622。
② 允禄等奉敕编：《世宗宪皇帝上谕旗务议覆》，卷9，页13—14，奏入于雍正九年八月二十四日，奉旨：依议。
③ 允禄等监修：《礼部·贡举三·翻译国书科举通例》，《大清会典（雍正朝）》，卷74，页4623。
④ 允禄等奉敕编：《世宗宪皇帝上谕旗务议覆》，卷9，页14，奏入于雍正九年八月二十四日，奉旨：依议。
⑤ 托津等奉敕撰：《礼部·贡举·翻译乡会试一》，《钦定大清会典事例（嘉庆朝）》，收入《近代中国史料丛刊·三编》（台北：文海出版社，1991），第67辑，册666，卷292，页2676、2679、2685。雍正朝未曾办理翻译乡、会试，首次举行乡、会试分别在乾隆元年（1736）丙辰科、乾隆四年（1739）己未科；翻译殿试则因进士人数过少，终清之世从未举行。又蒙古翻译乡、会试的命题形式，比照满洲翻译科之例。
⑥ 翻译科考创设之初，官书并未记载是否须验看骑射，然据嘉庆四年（1799）宣布准许宗室参加文科举、翻译科考的上谕，曰："且（转下页注）

　　虽然现存翻译科考的试题甚为有限，仍能略窥其命题形式的大概。生员考试的翻译题，所谓在《四书直解》内出题，是以《四书》为范围，将不同篇章的经义重新组合①；翻译乡试虽说

（接上页注）应试之前，例应阅射马、步箭，方准入场，于骑射原不至偏废"，可知应试者都必须先通过骑射的检验。见中国第一历史档案馆编：《嘉庆道光两朝上谕档》（桂林：广西师范大学出版社，2000），册4，页58上，嘉庆四年二月十七日，内阁奉上谕。

① 例如：《初次考试翻译秀才题》，《翻译考试题》，清刻本（东京：东洋文库藏），页11上—11下；《ubaliyambume simnehe timu bithe》，《tuktan mudan ubaliyambure šusai be simnehe timu》，页21上—22下，是借孔子、《礼记》之言，阐述为人当以忠信为本的道理。兹将汉字题目及满文译文转写罗马拼音夹注其中，如下："凡人居心制行（yaya niyalma mujilen de tebure，yabun be dasara de），当以忠信为本（tondo akdun be da obuci acambi）。孔子曰（kundz i henduhengge）：'主忠信（tondo akdun be da obu sehebi）。'《礼记》曰（li gi bithede henduhengge）：'甘受和（nitan de amtan be alimbi），白受采（gulu de bogonggo be alimbi），忠信之人（tondo akdun niyalma oci），可以学礼（dorolon be tacici ombi sehebi）。'可见人必忠以自尽（ede niyalma urunakū tondo i beyei teile be akūmbure），信以待物（akdun i niyalma be tuwara），立身行己（beye be ilibure，doro be yaburengge），有所依据（akdara nikere ba bihede），然后能接伦类（amala teni eaten niyalma de acabume），建事功（gung baita be ilibume mutere be dahame），在国为纯臣（gurun de oci gulu amban），在家为令子（boo de oci，sain jui ojoro be saci ombi）。盖有忠信以为根柢（ainci tondo akdun be fulehe da obuci），而酬酢万变皆出于此（tumen kūbulin de teišulebume acaburengge，gemu ereci tucinjimbi），所谓诚无不格也（tuttu unenggi ofi hafunarakūngge sembi kai）。圣贤忠信之学（enduringge mergesei tondo akdun i tacin serengge），正是大智过人处（uthai ini amba mergen，niyalma ci colgoroko ba）。世人习于浮伪（jalan i niyalma golo tašan de tubifi），专事假饰（urui oilorgi miyamigan be kiceme），以为可以欺人（niyalma be eitereci ombi seme gūnihabi），究之无不败露（dubentele serebume tuyemburakūngge akū）。为人上者（niyalmai dele oho urse），忠信以自处（tondo akdun i beyebe tuwakiyara oci），则不忍以智术驭其下（arga jail i fejergi be takūrara de tebcirakū ombi）；为臣子（转下页注）

于《性理精义》《小学》内命题，目前所见晚清的试题，却另节录自《古文渊鉴》①，而此书正是雍正皇帝要求学习翻译者当熟翻者②；翻译会试翻译题没有固定范围，以道光二十五年（1845）

（接上页注）者（amban jui oho urse），尽去其浮伪假饰（holo tašan, oilorgi miyamigan be wacihiyame geterembufi），忠信以出之（tondo akdun i tucibume），一诚感孚（emu unenggi i acinggiyame），实心实政（unenggi gūnin unenggi dasan oho be dahame），人品之立（niyalma yabun be ilibure），事业之成（baita faššan be muteburengge），胥在乎此（gemu ede bikai）。惟朕实嘉赖焉（bi yargiyan i hing seme akdahabi）。"又《翻译考试题》一函三册，未注明编印者、刊刻时间，亦无目次，一册为汉文，封面无标题；二册为满文，第一本封面题有满文，转写为罗马拼音作："ubaliyambume simnehe timu bithe（翻译考试题目书）"，满、汉文相互对应。书中"翻译"一词汉文皆写作"'翻'譯"，而非雍正朝以后官方习用的"繙"字，可以推知此书的性质，大约是晚清坊间贩售的"翻译考试考古题大全"之类的应考用书。

① 例如：《咸丰元年辛亥恩科翻译乡试题目》，《内阁大库档案资料库》（台北：中研院历史语言研究所藏），登录号：106051-001，咸丰元年，题曰："一者，万物之所始也；元者，辞之所谓大也。……诸福之物、可致之祥莫不毕至，而王道成矣。"节录自清圣祖御撰、徐乾学等奉敕编注：《汉·董仲舒·贤良对一》，《御选古文渊鉴》，景印文渊阁《四库全书》，册1417，卷12，页24。满文译文见康熙皇帝御撰、徐乾学等奉敕编注：《gu we yuwan giyan bithe》，清康熙二十四年武英殿刊满文本（台北：台北故宫博物院藏），卷12《han gurun. dung jung šu. mergen sain de jabuha uju》，页42下—43下。《代办监临福建学政王锡蕃·钦命癸巳恩科福建驻防满洲翻译乡试题》，《清代宫中档奏折及军机处折件资料库》（台北：台北故宫博物院藏），文献编号：408018556，光绪十九年，题曰："儒者，通天、地、人之理，明古今治乱之原……明其赏罚，俾各劝焉。"节录自清圣祖御撰、徐乾学等奉敕编注：《宋·欧阳修·劝学诏》，《御选古文渊鉴》，景印文渊阁《四库全书》，册1418，卷45，页1—2。满文译文见康熙皇帝御撰、徐乾学等奉敕编注：《gu we yuwan giyan bithe》，卷45《sung gurun. o yang sio. tacin be huwekiyebuhe hesei bithe》，页1下—2下。
② 允禄等监修：《礼部·学校·官学》，《大清会典（雍正朝）》，卷76，页4798。

乙巳恩科为例，则出自《御纂性理精义·凡例》①。乡、会试的满字文、论题目，其形式系自经书中撷取章句，用满文出题，以光绪十九年（1893）癸巳恩科各省驻防试题为例，兹将颁发的满文《四书》题目转写为罗马拼音并译出汉文，分别为：湖北"banjibure urse geren，jetere urse komso（生之者众，食之者寡）"、福建"hūsutuleme yaburengge，gosin de hanci（力行近乎仁）"、广东"irgen be yabubuci ombi，ulhibuci ojorakū（民可使由之，不可使知之）"、四川"abkai erin na i aisi de isirakū，na i aisi niyalmai hūwaliyasun de isirakū（天时不如地利，地利不如人和）"②。

翻译科考和文科举的制度形式、考试范围颇为相近，唯士子答题时使用的文字有满、汉之别；部院衙门考取八旗文职人

① 《道光乙巳恩科八旗翻译会试题目》，《内阁大库档案资料库》，登录号：106051-001，道光二十五年，题曰："性理之学，至宋而明……凡所标题，可以包括众论足矣。"节录自李光地等奉敕纂：《凡例》，《御纂性理精义》，景印文渊阁《四库全书》，册719，页1。满文译文见李光地等奉敕纂：《šošohon kooli》，《han i banjibuha sing li jing i bithe》，清康熙五十四年武英殿刊满文本（台北：台北故宫博物院藏），页1上—3上。

② 满文试题分见《钦命癸巳恩科湖北驻防满洲翻译乡试题》，《清代宫中档奏折及军机处折件资料库》，文献编号：408018557，光绪十九年；《代办监临福建学政王锡蕃·钦命癸巳恩科福建驻防满洲翻译乡试题·试题一则（满文折）》，《清代宫中档奏折及军机处折件资料库》，文献编号：408018556-1，光绪十九年；《钦命癸巳恩科广东驻防满洲翻译乡试题》，《清代宫中档奏折及军机处折件资料库》，文献编号：408018553，光绪十九年；《头品顶戴四川总督刘秉璋·钦命癸巳恩科四川驻防满洲翻译乡试题》，《清代宫中档奏折及军机处折件资料库》，文献编号：408018558，光绪十九年。满文试题依序出自清高宗敕译：《御制翻译大学》，《钦定翻译五经四书》，景印文渊阁《四库全书》，册189，页26；《御制翻译中庸》，景印文渊阁《四库全书》，页28；《御制翻译论语》，景印文渊阁《四库全书》，卷4，页15上；《御制翻译孟子》，景印文渊阁《四库全书》，卷2，页32。

员，率以翻译为题，则与翻译科考一致。在翻译科考创制之前，部院衙门七品以下处理文书的职缺，例由八旗荫生、监生、笔帖式、库使、拨什库（bošokū，领催）、官学生等补用①；从九品的笔帖式、库使、外郎等缺，则由官学生考试。在翻译设科的同时，也议准：满洲、蒙古、汉军文举人、翻译举人、贡生、监生、文生员、翻译生员、官学生、义学生等，均属应用笔帖式之人，每遇考试之期，由吏部行文各旗查送造册，入场考试；自雍正十二年（1734）起，凡参加考试者，先较其马、步射艺，合式者始能入场应试②。笔帖式等职专司满、汉文翻译，其考试的题型和翻译科考相同，命题亦以经、史为范围③，对认真

① 伊桑阿等纂修：《吏部·满缺升补除授》，《大清会典（康熙朝）》，收入《近代中国史料丛刊·三编》（台北：文海出版社，1993），第 72 辑，册 711，卷 7，页 230。八旗蒙古选授之例，与满洲略同，见《吏部·蒙古缺升补除授》，《近代中国史料丛刊·三编》，第 72 辑，册 711，卷 7，页 253；汉军稍有不同，"康熙十年题准，识满字者，考试翻译，文义优通，以八品笔帖式用。如止识汉字者，与汉人一体拟用"，见《吏部·汉军缺升补除授》，《近代中国史料丛刊·三编》，第 72 辑，册 711，卷 7，页 267。

② 允裪等奉敕撰：《吏部·文选清吏司·月选一·考试翻译笔帖式》，《钦定大清会典则例（乾隆朝）》，景印文渊阁《四库全书》，册 620，卷 4，页 36—37。

③ 以笔帖式考试试题为例，据《初次翻译考试笔帖式题》，《翻译考试题》，页 1 上—1 下；《tuktan mudan ubaliyambure bithesi be simnehe timu》，《ubaliyambume simnehe timu bithe》，页 1 上—2 下，是以《孝经》为题。兹将汉字题目及满文译文转写罗马拼音夹注其中，如下："孝弟者（hiyoošun deocin serengge），百行之本（tanggū yabun i fulehe）。尝读《孝经》有曰（kemuni tuwaci, hiyoo ging bithede）：'君子之事亲孝（ambasa saisa i niyamn be weilerengge hiyoošun ofi），故忠可移于君（tuttu tondo be ejen de guribuci ombi）；事兄弟（ahūn be weilerengge deocin ofi），故顺可移于长（tuttu ijishūn be ungga de guribuci ombi sehebi）。'盖家庭之间（ainci booi dorgi de），根本既立（fulehe da be ilibuci），（转下页注）

学习的八旗学校学生当非难事，而八旗文生员、文举人也在应考之列，可知读汉书的子弟满语能力未必荒疏。

八旗子弟普遍兼通满、汉的情形，并非仅限于雍、乾时期，嘉、道以降亦复如此。自国家同意旗人参加科举考试以来，为凝聚散居天下的旗人对皇帝的向心力，并防止读书旗人"竞尚虚名，而轻忽武事，必致骑射生疏，操演怠忽"①，除盛京旗下子弟得与当地民童一体考试生员外，无论在京、驻防旗人应考，都归顺天府管辖，却造成驻防应试子弟在时间、体力和经济上

（接上页注）则居心制行（ini mujilen de tebure，yabun be dasarangge），不愧端人正士（urunakū tondo niyalma tob sere saisa de yertecun akū ojoro be dahame），而朝廷用之（gurun boode baitalaci），必能有益于国（urunakū gurun de tusa），有益于民（iregen de tusa ombi），所谓求忠臣于孝子之门也（tuttu ofi tondo amban be baici，hiyoošungga jui i boode sembi kai）。苟根本不立（aikabade fulehe da ilirakū oci），则虽有一材一技（udu emu erdemu emu muten bicibe），皆属末节（gemu dubei tacin），伦常未尽（ciktan giyan be akūmbuhakū oci），俯仰怀惭（dergi fejergi de gūtucun bimbi），国家亦安用此浮薄之士哉（gurun boode inu ainaha enteke weihuken oilohon niyalma be baitalambini）。圣贤之道（enduringge mergesei doro），事事反求诸己（baita tome beye de forgošome baire be dahame），爱亲敬长（niyaman be hairar，ungga be kundulerengge），皆人之所当自尽（gemu niyalma giyan i beye akūmbuci acarangge），况天性之亲（tere dade banjitai salgabuha banin），无容勉强（katunjame hacihiyara ba akū），庭闱之近（boo hūwa i dolo），岂待他求（gūwabsi baire mujanggo）。惟当务实（damu yargiyan be kiceme），而不务名（gebu be kicerakū），以诚而不以伪（unenggi be tuwakiyame，holo be yaburakū oci acambi），将见立身行道（ede beyebe ilibufi doro be yabume），扬名于后世（gebu be amaga jalan de algimburengge），皆本于此（yooni erebe da araha be saci ombi），朕望天下共勉之（bi，abkai fejergi deuhei kicekini seme erehebi）。"

① 中国第一历史档案馆编：《乾隆朝上谕档》，册1，页292上，乾隆三年七月十二日，内阁奉上谕。

的沉重负担①。从嘉庆四年开始，议准八旗文童得在驻防地应试②；嘉庆十八年(1813)，又宣布驻防子弟可以就近应考文乡试，即将恢复的八旗满洲、蒙古武科乡试也比照办理③。唯部分投身翻译科考的旗人，既见未得一体均沾，遂在考试规定变动过程中，或暂缓赴顺天府考试以观其变，或就地改应文、武科乡试④，为自己争取其他出路。

---

① 早在雍正年间，在内阁学士列行走的徐元梦即已具折为驻防八旗应童试的子弟请命，曰："窃念满洲、汉军驻防各省官兵，有应试童子，皆来京师，往来跋涉，为途颇长；自报名各箭，以至学院之试，历时颇久。其人率多兵丁子弟，资斧岂能无艰？京中倘无亲戚、户族，旅食更多不易。……伏乞皇上一视同仁，敕下该部，令各省驻防满洲、汉军，皆仿盛京之例，文、武两试皆以考箭属将军，考文属学院。"但未被接受。见台北故宫博物院编：《在内阁学士列行走徐元梦·奏陈请定就近考试之例以鼓舞旗下之人才折》，《宫中档雍正朝奏折》(台北：台北故宫博物院，1980)，第 26 辑，页 826，无年月日。
② 昆冈等修：《礼部·学校·驻防考试》，《钦定大清会典事例(光绪朝)》，卷 381，页 103 下—104 上。
③ 中国第一历史档案馆编：《嘉庆道光两朝上谕档》，册 18，页 208 下，嘉庆十八年六月二十八日，内阁奉上谕。关于八旗应武科举的规定，先是康熙四十八年(1709)，议准八旗汉军一体考试武生、武举、武进士；雍正元年(1723)，在开翻译科考的同时，皇帝指示仿汉军成例，一并办理满洲、蒙古武科考试。雍正十年(1732)，下令停止满洲、蒙古武科，汉军则继续举行；雍正十二年(1734)，奉旨："满洲弓马技勇，远胜汉人，将来行之日久，必至科场前列，悉为满洲所占。而满洲文艺，不及汉人，又恐考试内场时，不免有传递代作等弊，于作养人材之道，未有裨益。"着行停止，直到嘉庆十八年(1813)始全面恢复。见《清实录·世宗宪皇帝实录(二)》，卷 142，页 786 下—787 上，雍正十二年四月乙卯条。
④ 乾隆年间赴顺天府考试翻译乡试者，满洲约五六百人，蒙古约五六十人，考试翻译童生者，约七八百人至千余人不等；至道光年间，顺天府翻译乡试入场人数满洲一百余人、蒙古十余人，童试仅二百余人，道光皇帝认为是勤学应举者日渐减少，陕西道监(转下页注)

此一趋势导致应翻译科的人数锐减，殊非朝廷所乐见，于是自道光二十三年（1843）年起，谕令除驻防武科仍一体考试外，"嗣后各处驻防俱着改应翻译考试，俾有志上进者咸知，非熟习清文，不能幸邀拔擢"①。直到咸丰十一年（1861），国家为广旗人登进之途，始恢复驻防考取文举人、生员之例，并要求读书旗人"不得以专骛汉文，致将翻译、国语稍涉荒废"②；同治元年（1862），复就选考科别进行规范，略为："翻译生员应令专应翻译，不必兼应文试。文生员专应文乡试，如有愿应翻译者，准其呈改，既改之后，不得再应文闱。中式后，文举人专应文会试，翻译举人专应翻译会试。"③从"不必兼应""准其改呈""专应"的新规定来看，可以说明读书旗人多能兼通满、汉，只要将准备方向稍作调整，即可应付各种考试。

道光皇帝（1782—1850，1821—1850 在位）在停止驻防考试文科举的上谕中，指出：

（接上页注）察御史高枚则以为是八旗学校翻译教习不足所致。分见中国第一历史档案馆编：《嘉庆道光两朝上谕档》，册 33，页 289 上，道光八年九月二十七日，内阁奉上谕；《礼部·礼部为请添设翻译教习由》，《内阁大库档案资料库》，登录号：129268-001，道光十八年九月。直到道光二十三年（1843），道光皇帝才将应试人数锐减的问题归因于驻防旗人转应文科举者众，见中国第一历史档案馆编：《嘉庆道光两朝上谕档》，册 48，页 391 上—391 下，道光二十三年闰七月十四日，内阁奉上谕。

① 中国第一历史档案馆编：《嘉庆道光两朝上谕档》，册 48，页 391 下，道光二十三年闰七月十四日，内阁奉上谕。

② 中国第一历史档案馆编：《咸丰同治两朝上谕档》（桂林：广西师范大学出版社，1998），册 11，页 530 下，咸丰十一年十一月二十七日，内阁奉上谕。

③ 《清实录·穆宗毅皇帝实录（一）》（北京：中华书局，1986），卷 38，页 1025 下—1026 上，同治元年八月甲戌条。

八旗根本，骑射为先，清语尤其本业，至兼习汉文，亦取其文义清通，便于翻译。乃近年以来，各驻防弁兵子弟往往骛于虚名，浮华相尚，遂致轻视弓马，怠荒武备，其于应习之清语，视为无足轻重，甚至不能晓解。①

旗人读书，会导致尚武传统的沦丧；读书而热衷考试，则会造成淳朴风俗的隳坏，进而妨碍满语、骑射的学习，这也是入关以来历朝统治者的共同忧心。事实上，能通过部院衙门考试或翻译科考的旗人，他们的满语能力应毋庸置疑；即便是选择参加文科举的旗人，满语程度也未必不堪。至于取得入场应试资格的骑射技能，读书旗人为求仕进，亦当不至于掉以轻心或心存侥幸。应试旗人的尚武传统和淳朴风俗面临的危机，关键实在于以四书五经等儒家典籍为范围的考试内容，子弟越是勤奋读书，越是容易加速建构汉族的或儒家的意识形态，而与满洲"本习"相去日远，这一点却为皇帝忽略或刻意回避。

结　论

有清一代，国家日常行政广泛使用满文，推动政务也有赖公文书的翻译。例如：皇帝颁发满、汉文谕旨，都由内阁将满

---

① 中国第一历史档案馆编：《嘉庆道光两朝上谕档》，册48，页391上—391下，道光二十三年闰七月十四日，内阁奉上谕。

文译汉，或将汉文翻满①；部院衙门本章兼用满、汉文，直省本章以汉文书写者，则由通政司送内阁，发汉本房翻译，再交满本房誊写②；各省驻防将军、副都统等奏事，都用清字折(满文奏折)③。承办文书业务的八旗官员，必须具备通晓满文、娴熟翻译的能力，才足以胜任。降及清末，纵使朝廷谕令京外各衙门遇有清字奏事折件，改用满、汉合璧式样④，满文还是占有一定的地位，也间接说明旗人的满语能力并未消失，他们为争取任职的机会，又必须保持相当的骑射能力。

然而，一般的印象却是八旗子弟满语、骑射荒疏的情形，随着时间愈来愈不堪闻问⑤。不容否认的，是在验看骑射、考试翻译的过程中，必定存有执行上的缺失，也难免会有能力低下者冒滥、蒙混其中，论者若遽以论断，自然会产生刻板印象。例如：道光十五年(1835)，皇帝下令满洲侍郎以下至五品京堂考试满文，其中翻译通顺，及能翻而有错误者，不过十分之三四，另有半数以上不能落笔⑥。此一案例应该是反映出八旗官员的素质良莠不齐，尤其是随着职位上升而出现满语生疏的情形，不宜视之为普遍现象，否则国家机器早已陷入瘫痪状态。

---

① 允裪等奉敕撰：《内阁》，《钦定大清会典则例(乾隆朝)》，卷2，页27。
② 允裪等奉敕撰：《内阁》，《钦定大清会典则例(乾隆朝)》，卷2，页4。
③ 《清实录·仁宗睿皇帝实录(二)》(北京：中华书局，1986)，卷112，页488下，嘉庆八年四月庚辰条。
④ 《清实录·德宗景皇帝实录(一)》(北京：中华书局，1986)，卷1，页83下，同治十三年十二月庚辰条。
⑤ 参见滕绍箴：《清代八旗子弟》(北京：中国华侨出版社，1989)，页178—203。
⑥ 《清实录·宣宗成皇帝实录(五)》(北京：中华书局，1986)，卷267，页109下，道光十五年六月丙辰条。

　　在光绪三十一年废止科举之前，八旗子弟无论是出身旗学、私塾或在家自学，必须勤习骑射以取得应试资格，兼通满、汉以增加入仕机会，不因读书而荒废骑射、满语的能力。同样的，清朝的皇帝们也是自幼便接受良好的满语、骑射训练和完整的汉文经、史教育。身为少数的、外来的统治者，他们强调满洲传统，以达到凝聚族人、护卫政权的目的；作为治理汉民的帝王，又倡导儒家纲常，以发挥教化臣民、巩固统治的作用，皇帝以文化为工具，在不同的场合上施展，并从中获取最大的政治利益。又清朝的皇帝们相信，"崇儒重道"的治汉策略，可以全面运用在多民族帝国的统治，于是全都陷入儒家教化功能的迷思中。因此，清朝统治中国成功所付出的代价，是令旗人失去内在的尚武、淳朴的"民族精神"，而非外在的满语、骑射的"民族技能"。

　　　　　　　　（叶高树，台湾师范大学历史学系教授）

七、晚清时期满族的国家认同

定宜庄

近年来，有关满族国家认同的问题，成为清史研究中的一个热点。正如有学者指出的清朝满人是否认同与如何认同中国，这在以往的国内学术界似乎不成问题，至少不是什么有意义的问题①，然而事实上，国内学术界没有意识到的不成问题，恰恰表明了这是以往学术研究中一个不应该被忽视的空白和盲点。这个问题首先由美国"新清史"学者提出来，被国内学界视为一种挑战，并由此而引发深入的思考和积极的回应，所谓经历过"新清史"挑战之后重新在新的高度回归的国家认同，已经成为清史研究的一种新的视角②，这正是学术研究走向深入的表现，也是美国"新清史"为中国清史研究所做的贡献。

---

① 参见黄兴涛：《清朝满人的"中国认同"——对美国"新清史"的一种回应》，载刘凤云、董建中、刘文鹏编：《清代政治与国家认同》（北京：社会科学文献出版社，2012），页 16。
② 常建华：《国家认同：清史研究的新视角》，载《清史研究》，2010 年第 4 期。

讨论满族的国家认同，涉及两个概念：一个是对满洲作为民族的认识；第二个是对中国这一名词的理解。这两个问题都涉及了清朝从建国到覆亡及其以后漫长历史阶段中诸多的本质问题，不可能在一篇小文中进行全面具体的阐释。本文选择晚清到辛亥革命之前这一特定时段，讨论满族在面对这场重大变革时的国家认同，我认为这是讨论满族从有清一代直至如今，其国家认同的一个重要的关节点，却也是往往被或有意或无意地忽略的问题。

近现代中国知识分子对民族、国家的构建与思考

在美国的"新清史"学者看来，所谓中国的概念只是一种设想、一个过程。作为一个不断演变的具有不同形式、实践和理念的合成体，中国的概念一直在发生变化。他们认为从来不曾有过，也永远都不会有任何纯粹的中国或纯粹的中国性。所谓中国和中国性是历史的产物，而历史是多样性的，而非一贯统一的①。

对中国等名词的这种认识，是"新清史"诸多理论的基本出发点，他们对清朝的很多解释，都是从这个基点上阐发出来的，却也是受到国内学界最多质疑之处。如刘凤云在《"新清史"研究：不同凡响的学术争鸣》②一文中所称，"新清史"的代表人

① 参见欧立德：《关于"新清史"的几个问题》，载《清代政治与国家认同》，页3—15。
② 《中国社会科学报》，第130期（2010年10月14日），4版。

物,"其背后有一个以西方近代民族国家的既定发展框架来裁量评判中国历史的威权倾向。否认中国认同,还来自欧美的后现代史学对现代民族国家正当性的质疑。所以,'新清史'在重新审视和重组古代中国历史时,未必完全是根据历史资料的判断,有可能是来自某种理论的后设观察"。该文进而又提出:"他们对中国、中国人以及中国民族主义的基本概念和基本准则提出挑战,并对中华民族及国家的认同提出质疑,这些理论倾向,已经对中国这个国家产生了潜在的颠覆性。"

既然提到了"对中国这个国家产生了潜在的颠覆性"的高度,问题便变得严重起来,乃至引起国内许多学者的政治警觉和反击。

美国"新清史"学者究竟存在着何种政治目的和居心,并不是本文打算评判的问题。我想说的只是,事实上,美国"新清史"学者提到的有关国家、民族的诸多名词,未必如上述引文所说,是来自欧美学界的某种理论或框架,而恰恰相反,这是中国人自己在清末直至民国初期曾经历时十数年甚至更多时间,经历反复探索求证之后建构出来的基本概念。晚清时期的知识分子,无论革命党人还是君主立宪派,他们撰述的大量文章、专著,以及登载在各种报刊上的时论和官方文献等历史资料,都可以用来证实这一点。梁启超对此,说得再明白不过:

吾人所最惭愧者,莫如我国无国名之一事。寻常通称,或曰诸夏、或曰汉人、或曰唐人,皆朝名也;外人所称,或曰震旦、或曰支那,皆非我所自命之名也。以夏汉唐等名吾史,则戾尊重国民之宗旨;以震旦、支那等名吾史,则失名从主人之公理。

　　且我中国畴昔岂尝有国家哉？不过有朝廷耳。我黄帝子孙聚族而居，立于此地球之上者既数千年，而问其国之为何名？则无有也。夫所谓唐虞夏商周秦汉魏晋宋齐梁陈隋唐宋元明清者，则皆朝名耳。朝也者，一家之私产也；国也者，人民之公产也。……然则吾中国者，前此尚未出现于世界，而今乃始萌芽云尔。①

　　在这两段话中，梁任公明确指出的，就是我国从来都没有国家，也没有国名，有的，只是朝廷而已。因为所谓国家、国族，乃至与之相伴随的民族、种族的概念，都是近代才出现的，都是直到 18 世纪晚期，随着法国大革命、工业革命等天翻地覆的政治、经济、社会大变革，这些名词才充分概念化，成为西方社会区分人群、解释世界的主要框架。而这些论述发展成为全球性的概念范畴，更要到 19 世纪以后。这些名词和概念在中国应运而生，更有着特定的历史背景，那就是：其一，西方各种思想观念已经涌入中国，并对晚清知识分子产生了深刻的影响；其二，西方世界的思想文化都是伴随着洋枪大炮侵入中国的，这些知识分子正是在面对西方世界的步步紧逼，感受到亡国灭种威胁时，才自觉展开了构筑国族等一系列活动的。这种其实是晚清以后才被建构出来的中国、中华民族等概念，其影响之深入人心，以致直到如今，在普通百姓乃至诸多学者心中，都成了自古以来就是如此的不替之论。

---

① 梁启超：《少年中国说》，《饮冰室合集》之五（北京：中华书局，1989），页 9。

由于这些名词所具有的特定的近代性，迄今仍未受到中国清史学界的充分关注，对于西方的民族理论/族群理论，往往也是一头雾水，这便与站在这一理论基础上说话的"新清史"学者很难相互理解①。很多学者一谈到清朝皇帝，就以他们多次地、不断地谈到中国为证，强调他们对中国的认同，殊不知在清帝心目中的中国或者指代他们的朝廷，或者指代他们占据的领土（亦称天下），而全无近代中国之含义，与清晚期革命党人或立宪派所称的中国并不完全相同。梁启超在上述引文中指出"朝也者，一家之私产也；国也者，人民之公产也"，一语中的地指出了共和政体与帝制的区别，指出了公民与国家的关系，与帝制之下的臣民与朝廷之间的关系的本质区别。可惜的是，有些学者迄今还无法达到当年梁启超等人的认识高度，以至于不断有将清朝与国家的概念混淆不分的现象产生，对此就不更多举例了。这里要说的是，只有明白国、族指代的究竟是什么，才有可能讨论认同这个随之而来的问题，也就是说，满族对中国是否认同的问题，是一定要置于近代这个特定的语境下，才可能有相互对话的可能性。

辛亥革命时期有关满汉关系之争

革命派之所以极力宣扬排满，清廷的腐败无能和对抵抗外敌入侵的软弱消极，固然是主要原因，但另一个重要原因也不容忽视，那就是正当欧洲经历民族主义转型时期，西方一个民族一个

---

① 参见定宜庄、胡鸿保：《被译介的"新清史"——以"族"为中心的讨论》，载《清代政治与国家认同》，页 145—155。

国家的民族主义造成的影响。即如盖尔纳（Emest Gellner）在《民族与民族主义》（*Nation and Nationalism*）中所言："民族主义首先是一条政治原则，它认为政治的和民族的单位应该是一致的。"①他们认为一个民族就应该有一个自己的国家，任何一群人只要自认为是一个民族，便有权在他们居住的领土上享有独立的国家主权，并拥有自己的政府，全权治理这个国家。而中国当时以满洲这个少数民族统治占据多数的汉族的清朝，却恰恰违反了建立单一民族国家的原则，这也正如盖尔纳提到的："违反民族主义有关国家和民族合一的原则，会深深伤害民族主义情绪……对这种情绪伤害最深的，是统治者和被统治者之间的种裔差异。"②革命党人既然要建立一个单一民族（汉族）的中华国，驱逐其他民族，尤其是占据统治地位的满洲，便成为理所当然之事，至于这样的纲领和主张，到底有多少真的是出于三百年来对满洲统治的民族仇恨，倒反而位居其次了。

要建立单一民族国家既然成为纲领、成为原则，那么首先要做的，就是缔造这个单一民族，也就是当时人所称的国族。始发轫者并不是革命党人，而是主张君主立宪制的梁启超。早在清亡之前的 1901 年，他撰写《国家思想变迁异同论》，就呼吁"中国苟欲图存于生存竞争之大潮，其唯速养成我所固有之民族主义一途可循"，得到知识界的群起呼应。以西方"国族国家"（nation-state）为典范，着手从事于中国国族的塑造，包括提出一套以黄帝为中心的符号政治，打造出一个新的国族——汉

---

① 厄内斯特·盖尔纳著、韩红译：《民族与民族主义》（北京：中央编译出版社，2002），页 172。

② 厄内斯特·盖尔纳著、韩红译：《民族与民族主义》，页 1。

族，进而构建起近代中国国族意识的活动，就此而轰轰烈烈地兴起。这一过程曲折复杂且内涵丰富，叙述这一过程不是本文重点，好在已有不少学者进行过相关研究并有大量成果出现，这里就不拟多谈了①。

既然要建立以黄帝为先祖的单一国族已经成为当时的共识，进一步的关键，便是对这个单一民族如何解释。晚清知识群体思维活跃，代表不同政见的报纸杂志、社团组织丛出，大分起来，不外主张共和和立宪两种，但在建构国族的一系列问题上，见解却大同小异。

最激进的是革命党人的言论，他们显然是要将满洲排除于这个单一的国族之列的，于是才会有以"驱除鞑虏，恢复中华"为纲领的《同盟会宣言》提出：

> 今之满洲，本塞外东胡，昔在明朝，屡为边患；后乘中国多事，长驱入关，灭我中国，据我政府，迫我汉人为其奴隶，有不从者，杀戮亿万。我汉人为亡国之民者二百六十年于斯！满洲政府穷凶极恶，今已贯盈，义师所指，覆彼政府，还我主权。其满洲汉军人等，如悔悟来降者，免其罪；敢有抵抗，杀无赦！汉人有为满奴以作汉奸者，亦如之。
>
> 中国者，中国人之中国，中国之政治，中国人任之，

---

① 其中尤以沈松侨先生的《我以我血荐轩辕——黄帝神话与晚清的国族建构》（载《台湾社会研究季刊》，第 28 卷，1997）和《近代中国民族主义的发展：兼论民族主义的两个问题》（载《政治社会哲学评论》，2002 年第 3 期）最为详尽并最具说服力。

驱除鞑虏之后，光复我民族的国家。敢有为石敬瑭吴三桂之所为者，天下共击之！①

更极端者如邹容，在《革命军》第六章《革命独立之大义》中提出："一、中国为中国人之中国，我同胞皆须自认自己的汉种中国人之中国。一、不许异种人沾染我中国丝毫权利。一、驱逐住居中国中之满洲人，或杀以报仇。一、诛杀满洲人所立之皇帝，以做万世不复有专制之君主。"其中尤以"驱逐住居中国中之满洲人，或杀以报仇"一条为甚②。

立宪派的立场和态度，可以以梁启超与杨度等人的主张为代表。立宪派既然鼓吹君主立宪，而君主偏偏又是革命党人所谓的异族，是应该被革命、被驱逐的对象，只要革命党人的说法成立，满洲君主就只有被推翻而绝无再为君主的理由。因此，梁启超等人与革命党人的争辩，针对的就是汉族单一建国论。梁启超认为："国家须有人民，此理之至易明者。但其人民不必有亲族血统之关系，徒以同栖息于一地域，故利害相共，而自然结合，谓之国民。"按照他的意思，只要是同栖息于一个共同地域，利害相共，那么不一定有亲族血统的关系，也可以是一个国家的休戚与共的国民。他认为当时国民所最当努力的是保国，至于保种（汉种）和保教，并非当务之急。同样的，张君劢也说："国族者，何物耶？凡人类之一部相互间以共同之感情而受治于自主的政府之下者也。"

---

① 引自孙中山著、王晓波编：《孙中山选集》（台北：帕米尔书店，1984），上卷，页68—70。
② 《革命军》于1903年6月由上海大同书局出版。

　　既然按照梁启超等人的说法，国民包括了栖息于该地域的所有人，那么，被革命党人排斥于国民之外的"鞑虏"，也就是满、蒙、回等少数民族，是不是也应该列入国民之列，又是以何种理由列入呢？这是他们面临的一个难题。在以黄帝为先祖的国族构建呼声几乎压倒一切的时候，梁启超等人也只有在这个大前提之下，设法为自己的主张寻找根据，而根据的出发点，就是要证明满人与汉族一样，也是中国国民的一部分，这就是"满汉同源论"产生的背景。他们意图将这块领土之上的少数民族也纳入中国这个共同体之中，即他们所谓的大民族主义，以与革命党人主张汉族独立建国的小民族主义相对，甚或提倡将中华民族而不是汉族作为这个国族的族名，如杨度①。对于晚清保皇立宪诸人不能自圆其说的理论，学者虽然多所批评，却认为他们力主满汉融合的主要理由，是反对革命，遂使这种批评难以深入。而这一理论真正的自相混淆之处，是在于他们并没有脱离单一民族建立国家的窠臼，只不过将这个单一民族加以扩大而已，而未曾意识到，他们的大民族主义仍然以汉族为主体，其他少数民族如果留在这个国家之中，是只能同化于汉族而没有其他出路的。他们既以汉化解释历代少数民族进入中原后成为中华民族成员的历史，也视汉化为他们想象出来的中

---

① 梁启超 1903 年发表《政治学大家伯伦知理之学说》一文，清晰地对大民族、小民族赋予了较为科学的内涵。其称："吾中国言民族者，当于小民族主义之外，更提倡大民族主义。小民族主义者何？汉族对于国内他族是也。大民族主义者何？合国内本部属部之诸族以对于国外之族是也。……合汉合满合蒙合回合苗合藏，组成一大民族。"载《饮冰室合集》之十三，页 71—76。并参见沈松侨：《我以我血荐轩辕——黄帝神话与晚清的国族建构》，载《台湾社会研究季刊》，第 28 卷（1997）。

国建国的唯一前途。不可否认的是，这种影响之至深且远，是直到今日仍潜移默化于国人甚至学界中人。

"满人是不是中国人"的激烈争论，正是在这样的特定背景下发生的。这直接关系到本文的主题，即满族是否有中国认同，同时也提示给我们，讨论满族的国家认同，并不是一个简单的问题，满族人对中国的认同，也不可能是理所当然的、无须讨论的问题。至少在晚清到民国时期，在汉族的国家、国族建构紧锣密鼓地进行过程中，满族曾有过不被认同为中国人，即使想要加入中国，也必须经历汉化之后才会被接受的阶段。

辛亥革命前后满族对中国的认同

辛亥革命时期革命派的民族主义是学界研究的重点，研究成果颇多，本文提到的有关辛亥革命前后知识阶层对中国、国族的建构过程，内容亦未超出国内外学界近年来的研究范围。而我之所以要不厌其烦地陈述这些概念和过程，是因为若非如此，便无法说清本文所要重点阐述的问题，那就是，在清朝统治被颠覆的前夜，革命也好，保皇也罢，针对的目标都是一个，那就是满洲的皇室及其臣民，也包括他们的知识分子。而随之而来的以排满为中心并最终推翻清朝的运动，殃及最深的，无疑更是革命的对象，也就是被革命驱逐的鞑虏。那么，在这场翻天覆地的变革中，满人究竟有何反应？有何表现？他们怎么认识这个问题？或者说，他们是否发出了他们的声音？这本来应该是一个很值得关注、值得探讨的问题。

遗憾的是，许多年来，这个问题却并没有受到充分的注意，作为被革命、被推翻的一方，尤其是要将其驱逐出中国的革命宣传占据压倒优势的被动一方，很少人会倾听满人的声音，很少人会关心他们对待这样宣传的态度、立场，包括他们对这个强烈要求将他们驱赶出去的中国是否还存国家认同的问题。总之，讨论晚清时期满族一方对国族建构、对立宪保皇乃至对中华民族问题的立场和表现，是讨论晚清时期满族对中国国家认同问题的关键，也正是本文的主旨。

讨论满人在晚清国族建构中的态度和立场，最可靠的途径，是倾听他们自己的声音，但在辛亥革命前，可以看到的相关史料很少，本文拟选取几例，对这一问题作一粗浅探寻。

宗室盛昱的诗

晚清时期的满洲宗室亲贵以保皇党派居多，诸如载涛、毓朗、载泽、善耆、铁良等等，但盛昱可能是个特例①。说他是个特例，缘于他写的一首如今学者多引用来证实满人认同中国的长诗。在这首长诗中，有"起我黄帝胄，驱彼白种贱。大破旗汉界，谋生皆任便"之句，当下有学者称：

> 这清楚地表明，不但满族人，就连觉罗宗室也心甘情愿地向汉族人的祖先黄帝认祖归宗，向着与汉族同化融合

---

① 盛昱（1850—1899）字伯熙，肃武亲王豪格七世孙。光绪三年（1877）进士，授编修、文渊阁校理、国子监祭酒。史称他"因直言进谏，不为朝中所喜，遂请病归家。讨测经史、舆地及本朝掌故，皆能详其沿革"。

的方向发展。盛昱强调与汉族同化融合的动因之一，是出于驱逐侵略中华的"白种"异族的政治需要，隐含着明确的近代民族意识。康有为、梁启超大倡融满汉畛域，满汉一家，除了其依靠清帝变法维新的政治立场外，同样具有将国内满、汉、蒙、回、藏等"小民族"合为"大民族"，共同抵御他国异族侵略，保中国，保中华民族免遭灭绝的近代民族意识。①

此时清朝尚未灭亡，盛昱何以竟会如此心甘情愿地向汉族人的祖先黄帝认祖归宗？何以会有如此前卫的近代民族意识？如果不细读全诗，恐怕无法获得一个完整而合理的解释，故不惮烦琐，将全诗引录如次：

题廉惠卿(泉)补万柳堂图②

北人入中土，始自黄炎战。营卫无常处，行国俗未变。
淳维王故地，不同不窋窜。长城绝来往，哑哑南北雁。
耕牧风俗殊，壤地咫尺判。李唐一代贤，代北殷士裸。
辽金干戈兴，岛索主奴怨。真人铁木真，一怒九州奠。
畏吾廉孟子，秀出中州彦。烟波万柳堂，裙屐新荷燕。
诗书泽最长，胡越形无间。色目多贤才，耦俱散州县。

---

① 王开玺：《晚清的满汉官僚与满汉民族意识》，中华文史网，2009年11月13日；参见王开玺：《晚清满汉官僚与满汉民族意识简论》，《社会科学辑刊》，2006年第6期，页168—174。
② 《郁华阁遗集》(上海：上海古籍出版社，1995)，卷2，页5—6。按小万柳堂旧称廉庄，位于浙江省杭州市西湖区，是著名的金石书画收藏家、无锡人廉惠卿所建，是廉惠卿夫妇的隐居之地。

中州石田集①，淮上廷心传。终怜右榜人②，不敌怯薛健③。
台阁无仁贤，天下遂畔乱。沙顿亦名家，凄凉归旧院。
文正孔子戒，哲人有先见。至今食旧德，士族江南冠。
孝廉尤绝特，翩翩富文翰。薄宦住京师，故国乔木恋。
堂移柳尚存，憔悴草桥畔。当年歌骤雨，今日车飞电。
绘图属我题，使我生健羡。捉笔意酸辛，铺卷泪凝霰。
我朝起东方，出震日方旦。较似却特家，文治尤纠缦。
岂当有彼我？柯叶九州遍。小哉洪南安，强兮满蒙汉。
阛阓生齿繁，农猎本业断。计臣折扣余，一兵钱一串。
饮泣持还家，当差赎弓箭。乞食不宿饱，弊衣那蔽骭？
壮夫犹可说，市门娇女叹。奴才恣挥霍，一筵金大万。
津门德国兵，镶辉八两半。从龙百战余，幽絷同此难。
异学既公言，邪会真隐患。兴凯入彼界，铁轨松花岸。
北归与南渡，故事皆虚愿。圣人方在御，草茅谁大谏？
起我黄帝胄，驱彼白种贱。大破旗汉界，谋生皆任便。
能使手中宽，转可头目捍。易世不可言，当时亦清晏。
越肃坟上松，百亩垂条干。万柳补成阴，春城绿一片。
载酒诗人游，嘉树两家擅。

该诗蕴涵的思想、感情都十分复杂。首先，盛昱的确将中

---

① 《石田集》15 卷，马祖常（1279—1338）撰，祖常字伯庸，先世为汪古部人。
② 元代选举制度，凡中选的举人和进士都分列二榜：蒙古、色目人一榜，称右榜；汉人、南人一榜，称左榜。
③ 怯薛，蒙古和元朝的禁卫军。起源于草原部落贵族亲兵，后来发展成为封建制的宫廷军事官僚集团，元代官僚阶层的核心部分。

土视为自己的国家并且认同，而且将"胡越形无间""大破旗汉界"作为自己的政治理想。但通篇最突出的却是一种感伤情怀，而不是"起我黄帝胄，驱彼白种贱"之句表现出的豪情。与盛昱同时代的陈衍在《石遗室诗话》说这首诗是在"借他人之酒杯，浇自己之垒块"，显然深解作者之意。

说该诗复杂，首先就表现在认同的复杂性。按陈衍所谓他人，指的是盛昱所题诗的万柳堂主、以金石书画的收藏家著称的无锡人廉惠卿。廉惠卿曾参加公车上书，算得上是个维新派人物，而他之引人瞩目，是因他的妻子吴芝瑛是秋瑾的挚友，也是在秋瑾死后为之营葬的人。但若不是盛昱诗中提到"畏吾廉孟子，秀出中州彦"之句，谁也想不到这个廉惠卿，会是元代著名政治家、畏吾人（约略言之，可说是今维吾尔族的先人）廉希宪的后人。由于廉希宪自幼熟读经书，深通儒家之道，故有廉孟子之称。盛昱不仅在诗中点明此事，而且由此而追溯元朝时进入中原的那些色目文人最终未能再归故乡的命运。"终怜右榜人，不敌怯薛健"，按元代选举制度，凡中选的举人和进士都分列二榜：蒙古、色目人一榜，称右榜；汉人、南人一榜，称左榜。右榜人指的就是像廉惠卿和《石田集》作者、蒙古汪古部人马祖常等蒙古、色目文人，他们当时没有"怯薛"，也就是蒙古武士、元朝皇室禁卫军得势，日后散落中原，"薄宦住京师，故国乔木恋"，也仍然保持着对故国的眷恋。盛昱描述他们命运时虽未明言，却用"捉笔意酸辛，铺卷泪凝霰"，极言自己酸楚哀伤的心情，他将这些色目文人作为自己人来认同并为之洒泪，虽然彼时清朝尚未覆亡，但盛昱似乎已经预感到结局。

　　该诗后半段直接进入主题，尽述入关后清室由盛转衰的经历，陈衍的评论称："农猎本业断""市门娇女叹""故事皆虚愿""草茅谁大谏"诸韵，皆伤哉言之，句句讲的都是八旗生计，而八旗生计问题，正是清朝武力衰退的显著征象，可见陈衍是深懂诗人伤痛之所在的①。

　　至于被当下学者多方引用的"起我黄帝胄"二句，陈衍评说是"仍拘墟之见、过当之言矣"。拘墟，系指井底之蛙，多用来形容见识的浅薄狭隘，显然对盛昱这两句口号式的说法不以为然，或亦如革命派那样痛诋其"彼以异种，自惭形秽"，乃"托于炎黄之裔，觊觎神州"②亦不可知。但从全诗表达的情感来看，盛昱对于向汉人祖先黄帝的认祖归宗，至少并不像今天有人所看到的那样心甘情愿。但是否如沈松侨先生所说，是"企图从黄帝身上，寻得或虚构出一套新的满族祖源记忆，以期消弭满汉畛域于无形"，并且是"假黄帝之符号，启动结构性失忆之机制，试图创造一套新的满族祖源记忆，其目的当然都是在融合满汉，以铸造一个超越满汉族群界限的更大的认同对象——中国国族认同"，我认为也未必有这样明确的意识。总之，此诗并非慷慨激昂的爱国诗，而表现出一种彷徨、无奈和对自己民族命运的深切伤感，反映了一部分满人当时的思想状态，把这种状态说成是心甘情愿地向汉族人的祖先黄帝认祖归宗，未免过于简单，用"找不到北"来形容，也许更确切些。

---

① 陈衍：《石遗室诗话》（台北：台湾商务印书馆，1961），卷7，页10。
② 黄节：《黄史·种族书第一》，《国粹学报》，第1期（上海，1905），页4。

赴日满洲留学生的《大同报》言论

　　《大同报》是1907年(光绪三十三年)由留日满洲旗人恒钧、乌泽声等人在东京创刊的，在当时造成一定影响，如今论及辛亥革命前后满人中国认同问题者，无不援引此例，这里似乎已毋庸赘言。《大同报》的发刊词声称，他们的宗旨有四：一为主张建立君主立宪政体；二为主张开国会以建设责任政府；三为主张满汉人民平等；四为主张统合满汉蒙回藏为一大国民[①]。在该报存在的短短一年仅出的七期(该报于1908年3月停刊)中，最具代表性也最为现今学者关注并引述的，是乌泽声的长文《满汉问题》。这篇长文中要点有三：

　　其一，认为满汉已经同化为一个民族。证据是"满与汉，既然在同一块土地上生活了数百年之久，操同一语言，同一土地居住生活，信仰同一宗教，又属于同一种族"。他虽然承认二者间仍然存在某种区别，但这是"同民族异种族"的问题，而满汉两种人之关系，"只问民族，不必问种族，民族既同，斯无种族问题以生也"。

[①] 《大同报》颇为学界关注，研究成果甚为丰富，参见孙静、李世举：《〈大同报〉与晚清满汉融合思想》，载《新闻爱好者》，2010年第19期；邓丽兰：《种族政治压力下的政治现代性诉求——从〈大同报〉看满族留日学生的政治认同》，载《华中科技大学学报》(社会科学版)，2011年第6期；李龙：《另类视野中的满与汉——以满族留日学生为中心的考察》，载《钦州学院学报》，2007年第4期。亦见于沈松侨：《我以我血荐轩辕——黄帝神话与晚清的国族建构》，载《台湾社会研究季刊》，第28卷(1997)。

其二，声称反对革命党人的排满，也同样反对清朝廷中某些人的排汉，认为凡居一国土地者，即为一国之国民，继属人主义为属地主义（此语很有趣，属人，即属于某君主或某政权；属地，则看居于哪片领土）。鼓吹满汉平等，"故请先求满汉自由、满汉平等……吾所主张之满汉平等分为三类：一军事上平等，二经济上平等，三政治上平等"。

其三，明确主张君主立宪，宣称只有君主立宪才是中国最适宜的国体："中国国体，中央权重，幅员辽远，各省不适于生存；中央权微，各省散漫，不适于统一。且蒙古回藏，地僻民僿，不能以自治，必融于中央地方，两权不可偏重。是即中国最适宜之国体而吾所谓单纯统一国体者，即统一内部各行省、外藩蒙回藏成一立宪大帝国之谓也。"乌泽声并特别强调："即使不辞流血革命，涂炭国民，设立共和政体，势不得不抛弃蒙古回藏，缩小幅员，而后能行民主，是不啻先自瓜分一次，而后建设共和。要知蒙古回藏为中国之土地，其存也可为中国之遮罩，其亡也能召中国之瓜分，伤一发牵动全身，割一地祸连全体……""统一内部各行省、外藩蒙回藏成一立宪大帝国"既是《大同报》的，也是当时鼓吹君主立宪的满汉知识分子的政治理想。从乌泽声的表述来看，他的基本观念与梁启超、杨度等汉族的立宪派是相同的，其无法自圆其说之处，也与其他立宪派并无二致。本来，《大同报》诸君就是奉杨度为精神领袖的，杨度在为《大同报》的题词中，也赞誉该报"尤为自有旗人以来所无之事"，称他们是"旗人中之同志"，可见他们联系之紧密和思想上、政治上表现出的一致性。

不过，如果细察之，在《大同报》的一些文章中，也有不同的表达，可以《中国之排外与排内》一文为例，该文宣称：

> 统一国者，又谓之联合国，其主义在相容并包，以张大其国家，异族之来也不排斥之而收容之，岂惟其既来而始收容之，即其未来处于国外之异种人民，且将用手段以牢笼之，用兵力以兼并之，种族虽不纯，而国势固张大无比矣。至我朝则经略塞外，征回征准，取台湾，数万年相沿相袭，皆挟帝国主义，以联合各异族共立于一国之下，故我中国能合二十一行省蒙古回藏，而占地球上五大洲独一无二之亚东大帝国。使当上古时代，循单一国成例，以严斥外族人为主义如黄帝者，只有保守直隶、山峡河南四省，凡此外之人民土地皆以外国视之，皆以夷狄斥之，匪第不能扩其疆宇，恐其固有之疆宇亦不能保守，且日渐剥削，若以之立于今日之优胜劣败之竞争世界中，其必不足以立国也，可断言矣。……大国即强国，强国亦即大国。今欲排内，是欲以原有之复成国而反欲分离乖隔为一单一国，外人不瓜分我，而我乃自为瓜分，且欲以瓜分召外人，是真不可思议毫无意识之举动也。

该文刊登在 1908 年第二号上，撰文者佩华，也是《大同报》的主要撰稿人之一，但这篇文章在研究《大同报》的诸文中却较少为人提到，它的尖锐程度，已经超出了其他立宪派人物宣称的满汉融合、满汉同化的比较温和的立场。佩华明确提出，国家若要其张大，就必须相容并包，如果遵循单一国成例，以严斥外族人为主义如黄帝者，将直隶等四省之外的人民土地均以外国、夷狄视之，在如今的世界上，根本就不能立足。笔者认为，如果谈论《大同报》，这篇文章是不能忽略的。

分　析

　　如果仅从《大同报》来看，这些年轻的满洲留日学生对中国是有明确的认同感的，他们在当时建构单一民族国家的呼声成为全社会最强音的时期，急切地想得到各种政治势力的接纳和承认，极力想将自己的民族纳入这个中国之中，为此而希图缩小和淡化满汉间民族差别的存在。然而必须注意的是，这种现象的出现，是有重要前提的，那就是清朝尚未垮台，而这些满洲年轻的知识分子，是将这个朝廷视为自己的国家，是站在这样的立场来谈论满汉关系的。说到底，这些满族知识分子尽管在一定程度上意识到了汉族的建构对于清朝统治的危险性，但他们能够拿来与之抗衡的唯一的救命稻草，就只有君主立宪而已，只有立宪，只有维持满洲皇帝的统治，才能使这个多元的中国免于崩溃，沈松侨先生评价说"他们渴望民族振兴而又不愿失去自身的特权与利益"，可谓一语中的。

　　《大同报》的创办者，毕竟是一批政治上未必成熟的年轻人，他们的主张，也未必就能代表当时大多数满洲人的意见和态度，杨度在题词中也说："大同报社诸同志以少数之人，孤危寡助，力排异议而为之，较吾人之事业尤难。"清亡之后，这些人的立宪理想破灭，他们也各自踏上不同的政治道路，其中乌泽声和穆都哩(亦名穆儒丐、宁裕之)都曾供职于伪满洲国，穆儒丐的代表作《福昭创业记》追溯祖先的英雄业绩，表现出强烈的满洲民族意识①。我们对这些人在清朝灭亡之后对于中国和黄帝是否仍然认同、对满汉同族说是否仍然坚持，已经无法肯定。至少他们中的一部分人，其政治立场和态度，已经与清朝未覆亡之前迥异，这深刻地揭示了满族国家认同问题的复杂性和多变性。总之，不顾及特定的时间和在特定语境下的政治立场，来一概而论地对满人的国家认同作评价，往往会产生诸多歧义，这是需要引起警惕的。

再者，即使在清朝未亡之前，在构建单一民族的声音成为主旋律的时候，这些接受维新思想最快的满人中的开明者，虽然不得不附和主旋律而高唱民族融合、满汉同源的调子，甚至像盛昱那样将黄帝认作自己的祖宗，但对于汉化也仍是有保留的，《大同报》诸君主张满汉同族、满汉平等，但更向往的还是相容并包的大帝国，他们心目中的中国与汉族知识分子心目中的中国，是有差异的。

纵观以上所举盛昱和《大同报》诸君的例子，可以清晰看出的是，当汉族建构自己民族的活动风起云涌之时，虽然清朝尚未解体、满洲皇室也还占有话语霸权，满洲或曰旗人却既没有建构自己民族的自觉，更没有这种行动。面对汹涌而来的革命浪潮，满族知识分子显然既无防备之心，亦无还手之力，表现出来的，是对历史和现实政治在认识上的混乱和叙述上的漏洞百出，他们对国家、民族的认同，呈现出模糊和不确定的特点，一旦朝廷覆亡，他们的那些理论主张，顷刻间便烟消云散。下面拟重点讨论的，就是满人之所以会有如此表现的原因。

---

① 可参见刘大先：《制造英雄：民国旗人对于清初历史的一种想象——论穆儒丐小说〈福昭创业记〉》，载《满族研究》，2011 年第 2 期。

对满族中国认同的几点历史思考

满族构成的复杂性

清朝覆亡之前，革命党人曾力倡汉族独立建国，复兴单一民族的中国，我们可以设想一下，这种主张如果成为事实，其结果必然是庞大的清帝国解体，留下一个权力真空。至于这个真空由谁填补，从理论上说，是存在多种可能性的，其中一个就是满人也像汉人一样，提出自己的建国纲领，独立建国。但事实上，尽管在清朝覆亡之后，也有肃亲王等满洲王公贵族妄图效法蒙古这样行事，但就满人的大多数而言，却既不具备自己独立建构民族国家的条件，也没有这一意识，所以也不存在以分离自立的方式填补这一真空的可能性。何以会出现这样的现象，从满族这个民族的内因来看，也许与从初兴时期始就是一个混杂了众多族群和部落、入关后建立的清朝作为一个帝国，所具有的多族群、多文化的特点有着直接的关系。从这样的角度探讨满族形成的历史，或可对这个民族的民族性有深一步的了解，是一个很有挑战性的问题。

首先要说明一点，满族与清代的"满洲"（Manchu）不能等同。满洲是 1635 年清太宗皇太极所定的族号，而满族则是 1949 年以后，作为中国境内诸多少数民族之一，才由全国人民代表大会民族事务委员会正式予以确立的名称。在此期间，或称旗人，或称旗族，莫衷一是，且各有各自的特定含义，如果将今天通行的说法运用于清代或者民国时期，都会产生混乱和误解。

但为表达简要起见，我们这里也不得不沿用满族一称，来指代这个特定的人们共同体。

从历史上看，满族从初兴时期起，就具有特别的复杂性。满族的复杂性，从内部说，在于它的构成。努尔哈赤建立八旗制度，将所有归附人众纳入八旗之下，"以旗统人，即以旗统兵"。这些人众的构成不仅包括了建州、海西等女真部落，还包括了分布于黑龙江和乌苏里江流域广阔地带的众多野人女真部落，以及辽东汉人、蒙古诸部人和朝鲜人等各种人口。皇太极时期又先后建立八旗蒙古、八旗汉军，待 1635 年定族号为满洲时，八旗已经是一个囊括了当时东北地区几乎所有不同族群的组织，也使满族这个共同体从建立伊始就具有特别多元的特征。

历经清代，满族的成分愈加复杂。八旗制度下的人丁，既有八旗满洲、八旗蒙古和八旗汉军之分，又有内务府包衣旗人和被纳入旗籍的庄头壮丁。满族的各种不同成分，对于被纳于其间（甚或未曾进入）的八旗组织，乃至创造和掌控这个组织的清朝朝廷究竟有没有，又是有着什么样的族群认同，是有很大区别的。举例来说，有清一代被编入八旗户籍的旗地上的庄头、壮丁，保守统计有数十万之众，他们无论居住在辽东还是京畿，都众口一词地自称为"随旗人"，如今也基本上自报汉族，表明了他们不肯认同于满族的明确立场，是为介乎于满与汉之间的边缘群体。曾参加同盟会，与革命党人一同举行抗清行动的张榕，就属于这个群体①。再如清朝覆亡之后八旗制度随之解体，

---

① 参见定宜庄、郭松义、李中清、康文林：《辽东移民中的旗人社会：历史文献、人口统计与田野调查》（上海：上海社会科学院出版社，2004）。

八旗蒙古的成员大多数认同蒙古族，认同满族的相当罕见。再如很多在清朝曾任显赫高官的汉军旗人后裔，如今也不肯承认自己为满族。所以，在讨论满族的国家认同问题时，是不好泛泛而论的。

尽管从康熙朝以降，满人也曾建构过自己的始祖神话和世系，三仙女传说和《满洲源流考》《八旗满洲氏族通谱》的问世，就是他们所做一系列努力的起点。但这种努力在乾隆朝之后似乎便呈时断时续之势，究其原因，与满洲在八旗内的人数并不呈优势，满洲贵族的统治必须依靠八旗内部非满洲血统的各种力量的支持有直接关系。清末维新人士所谓的汉族概念，最初就是一个以血缘传承为主的种族，满人面对这种建构，处于"找不到北"的状态而呈寂寂无声之势，与这个人群从构成之日起在血缘、地域乃至语言文化上就都具有的多元特点，应该有直接关系。

清帝国的多元性

然而，以上征引的《大同报》中佩华的文章，毕竟还是能给我们一些启发，该文鼓吹"以联合各异族共立于一国之下，故我中国能合二十一行省蒙古回藏，而占地球上五大洲独一无二之亚东大帝国"。鼓吹"统一国者，又谓之联合国，其主义在相容并包，以张大其国家，异族之来也不排斥之而收容之，岂惟其既来而始收容之，即其未来处于国外之异种人民，且将用手段以牢笼之，用兵力以兼并之，种族虽不纯，而国势固张大无比"，这样的话，很难想象会出自一个当时的汉人之口，而从满人口中说出却自然而然，事实上，这正是清帝国立国原则的写照。

从女真—满初兴时期的外部环境看，建州女真崛起于辽东之时，周边的环境就不单纯。努尔哈赤接受的，固然有来自明朝的汉族儒家文化的影响，但更多的，恐怕还是来自蒙古、朝鲜的各种观念和文化。蒙古的语言、文化和社会制度对女真—满在文化上的影响源远流长，史有明证。而女真与朝鲜的关系，也早就为王钟翰教授所注意并有所阐述："在漫长的两个世纪之中，原先在蒙古统治者统治下受过万户封号的居住在当时辽远的依兰地方的这一个女真集团，由于几经迁徙，先去朝鲜，后回中国，不能不受到各方面来的影响。"①这些固然是史学界公认的事实，但他们从初兴时期起就面对各种政体、各种文化的情况，使他们与生长在中原汉地儒家社会相对单一环境的汉人存在先天的差别，这对他们后来能够建立起多元帝国而不是明朝那样单纯儒家的朝廷所产生的深远影响，往往被学界忽略。

在晚清的革命党人和立宪派中，固然也出现了是以文化还是血缘来分辨民族的争论，但清代满洲的文化与他们的血缘相比，甚至还更多元。盛行于满族初兴时期的萨满信仰早在入关之前就已式微，创建于努尔哈赤和皇太极在位时的满文满语，到乾隆朝以后也已衰落。于是他们的文化，便表现为：在汉地拜祭孔庙，尊奉儒家学说；在蒙藏地区，又以藏传佛教的虔诚弟子自居。对清政府这种在和不同族群交往中使用不同模式的做法，美国学者柯娇燕将其描述为"并存的皇权"（simultaneous

---

① 王钟翰：《满族在努尔哈齐时代的社会经济形态》，载《清史杂考》（北京：人民出版社，1957），页3—4。

emperorship)①。这种宗教上和文化上的多元性，固然使他们在统治的巅峰时期，可以成功地笼络中原和边疆地区的上层分子，以维持统治的稳定，却也令人产生了疑问，那就是什么才是他们自己？他们又是凭借什么，来维系这样一个有着众多不同信仰、不同文化、不同语言的帝国中不同族群对他们的认同？这正是美国"新清史"学者所提出并试图解答的问题，也是他们的着力之点。对此，欧立德的论述有一定的代表性：

> 尽管满洲皇帝展示出各种各样的姿态，每种都有同样的真实性，却代表着不同的权威来源，以及不同的帝国臣民，但归根结底，只有一个满洲皇帝，才能代表这些多元政权，汉人皇帝是无法实现这一点的。正是满洲皇帝的皇统，成为将中国各族群联结在一起的纽带。一旦解纽，满洲族群主权归于终结。

他认为维系这个帝国统治的，是能够代表这些多元文化的皇统，也就是说，皇权是将中国各族群联结在一起的纽带②。尽管目前中国清史学界对美国"新清史"在政治上构成的"潜在的颠覆性"，多所警惕和批判，但如果将帝国（empire）作为一个学术名词而非政治术语，清朝是一个帝国而且具有帝国的多元特性，却是不争的历史事实。如果承认这个事实，便也无法无

---

① Pamela Crossley, *A Translucent Mirror: History and Identity in Qing Ideology* (Berkeley: University of California Press, 1999), pp. 10-11, 296-336.

② Mark C. Elliott, *The Manchu Way: The Eight Banners and Ethnic Identity in Late Imperial China*, p. 5.

视至高无上的皇统在清朝统治中的作用。总之，满族作为一个民族，即使能够想象出一个共同祖先，却并不像汉族或者蒙古族，甚至藏族那样，依靠悠久历史和延续几千年的文化来维系。有清一代三百年，维系这个特殊群体存在的，是由皇权统治给予他们的在政治上、经济上和社会上的优越地位，是由此而产生的特殊的生活方式，皇权一旦垮台，政治经济基础一旦丧失，茫然不知其所，他们的认同也就缺少了一个载体。清末满洲贵族中一部分人拼命鼓吹立宪和满汉一家的主要原因，倒未必是这些人特别开明所致。

文章写到这里，可以做一个简短但明确的结语。首先，讨论满族的国家认同是一个很有必要也很有意义的问题。但只有对两个基本概念达成共识，才有平等对话的可能性。这两个概念，一是何为民族，尤其是何为满族；二是对中国的解释，其中又尤以后者最为关键。应该承认的是，清朝所指代的中国与中华民国所指代的中国，并非同一概念，二者区别很大。

其次，本文的主旨，是从满族的角度讨论他们对中国的认同问题，选取的则是晚清这个特定时期，在这个特定时期，满人心目中的中国与朝廷多少还是重合的，他们对这个中国有着确定无疑的认同，当改良派和革命派众口一词地鼓吹建立单一的民族国家的时候，他们中一些人的反应，是急切地想加入到这个国家中来，甚至不惜附和汉人而认黄帝为祖，但从切身利害考虑，确实也只有保存皇统、鼓吹立宪一途。

总之，对大多数满人来说，清朝的中国和清朝被推翻之后的中国在他们心目中不可能是同一个概念，也就是说，在从此中国到彼中国的认同之间的过渡，未必是自然而然发生的，也是曾有过痛苦艰难的选择过程，讨论这个过程，是探讨中国现今这个统一多民族国家形成过程的重要的、在某种程度上甚至是关键的一个方面。

（定宜庄，中国社会科学院历史所研究员）

八、论何炳棣撰《清代在中国史上的重要性》

徐　泓

1967 年，何先生在美国亚洲研究学会的一个小组会议上，发表"The Significance of the Ch'ing Period in Chinese History"（《清朝在中国历史上的重要性》）一文①。同年年初，何先生与邹谠合办一个为期十天的大型国际中国问题研讨会，除讨论中共政治与国际问题外，还论述中国的历史传统，何先生以《清朝在中国历史上的重要性》为基础，将讨论的时段扩及整个中国历史，题为"Salient Aspects of China's Heritage"（《中国历史遗产的几个值得思考的显著特色》），分析中国具有现实意义的历史遗产②。

---

① 刊载于 *The Journal of Asian Studies*, 26：2（Feb. 1967），pp. 189-195；另可参考何炳棣著、陈秋坤译：《清朝在中国历史上的重要性》，《史绎》，第 5 期（台北，1968 年 6 月），页 60—67。

② Ping-ti Ho, "Salient Aspects of China's Heritage," in Ping-ti Ho & Tang Tsou, eds. , *China in Crisis*（Chicago：The University of Chicago Press, 1968），Vol. 1：China's Heritage and the Communist Political System, pp. 1-92.

何先生从六个方面论述清朝在中国历史上的重要性：

(一)疆域及民族：历代中国的疆域，基本上是以长城以内的本部十八省为主，汉、唐、蒙元疆域虽扩及中亚甚至更广阔，但都不能维持长久，且本部以外的疆域，多以羁縻自治方式统治。只有清朝，经康熙、雍正、乾隆三朝的努力经营，将长城以外的东北、蒙古、青海、宁夏、新疆、西藏纳入实际统治的版图，结成一个以汉满蒙回藏苗为主的多民族国家。即使失去"外东北"和外蒙，今日中国领土仍占世界第三，可说是继承清王朝盛世的遗产。抗日战争时，政府能以西南各省为大后方抗战的基地，也是雍正推行改土归流政策的结果。

(二)人口：传统中国官方人口总数，即使在汉唐盛世也不过6000万，宋、明才超过一亿多。由于早熟稻与美洲新作物的传入，粮食大幅增产，更重要的是康雍乾太平盛世，全国人口暴增，乾隆末年已达3亿，道光末年更增至4亿3000万。现代中国人口到1960年代后期已达7亿，不能不说是清代留下来的遗产。

(三)汉化：清廷之所以成为中国历史上最成功的征服王朝，就是采用制度性的汉化政策。以程朱理学为汉化政策核心，不仅有利于满族八旗封建政权向统一的中央集权帝国演变，而且赢得汉人儒家精英的忠心支持。清代后期，就是靠这批汉人精英镇压太平军，挽救政权危机。

(四)传统的政治、经济和社会制度到清代臻于成熟，区域间经济与社会的整合，达到历史上的新高。

(五)清代在物质文化、艺术、印刷和图书文库方面，取得丰富而辉煌的成就。

(六)清朝衰亡的基本因素：1. 是人口暴增导致产生一连

串当时的科技无法解决的经济难题。2. 乾隆朝繁华的表面下，贪污侵盗公款的情况普遍而严重，甚至半制度化；盛世的危机，民怨四起，爆发白莲教乱及其他不断的民变。3. 太平军之乱后，政府大行捐纳制度，以解决财政困难，其规模空前。4. 太平军兴及其后，政治非中央化，地方势力兴起，无法掌控。5. 首次面对历史上从未有的西方优势现代政治的风暴。

鸦片战争前夕，以上这些因素的相互作用导致 1840 年以后清政权的衰落与传统中国制度与儒家文化的解体。

过去一般人对清朝的评价，并无好评，一方面受清末革命宣传反满的影响，一方面受讨论近代中国衰落的关键在于明清的海禁闭关及文字狱等论述的影响。何先生此论一出，读者咸以为其评价公正，每为清史研究者与教师所引用，大大地改变了清代在读者心目中的地位。然而近年来，受人类学家的族群理论、帝国主义理论及边缘和区域视角的影响，西方史学界开始批判欧洲中心论，而中国中心观出现，他们进一步又批判以汉族为主的中国中心观，治清史的学者出现满族中心论者，而产生所谓的"新清史"①。罗友枝（Evelyn S. Rawski）是其中佼佼者，1996 年当选美国亚洲研究学会主席时，发表主席就职演讲："Presidential Address: Reenvisioning the Qing: The Significance of the Qing Period in Chinese History"（《再观清代：清代在中国历史上的重要性》）②。接着知名的《国际历史评论》（*International History*

① 李爱勇：《新清史与"中华帝国"问题——又一次冲击与反应?》，《史学月刊》，2012 年第 4 期，页 106—118。

② 全文刊载于 1996 年 11 月出刊的《亚洲研究学报》（*The Journal of Asian Studies*）第 55 卷 4 期，页 123—155。另可参见张勉励：（转下页注）

Review)，于 1998 年 6 月出了一期讨论清帝国主义的专号
(Special Issue on Manchu Imperialism)。不久之后，又有所谓的
"新清史四书"：《清代宫廷社会史》《半透明之镜》《满与汉》《满洲之
道》陆续出版①；卫周安（Joanna Waley-Cohen）又在《激进史学评
论》（*Radical History Review*）全面评述新清史②。

　　罗友枝不同意何先生对"汉化"问题的论断，他认为清王朝
能维持近三百年的统治，主要原因不在于"汉化"，在不同地区
采取不同文化政策，才是清朝统治成功的关键；清朝统治者整
合各种不同语言，信仰不同宗教，拥有不同文化的民族和地区，
将帝国打造成一个多元民族的国家；因而主张他们能有效地处
理与内陆亚洲蒙、回、藏等非汉族的关系。罗友枝和许多西方
史学家一样，对汉化持负面评价，认为这是近代中国民族主义
的产物。他们恐惧近代民族主义的兴起，认为它是世界动乱之
源。自 20 世纪 80 年代末以来，促进近现代中国崛起主要动力
的民族主义，就成为西方舆论攻击的对象。近二十年以来，西
方政界、学界对中国大陆的崛起与西方政经优势的衰退，十分

　　（接上页注）《再观清代在中国历史上的重要性——介绍一篇西方研究
　　清史问题的论文》，《清史研究》，1999 年第 2 期，页 113—117、124。

① Evelyn S. Rawski, *The Last Emperors：A Social History of Qing Imperial
　　Institutions*. Pamela Kyle Crossley, *A Translucent Mirror：History and
　　Identity in Qing Imperial Ideology*. Edward J. M. Rhoads, *Manchus &
　　Han：Ethnic Relations and Political Power in Late Qing and Early
　　Republican China，1861-1928*（Seattle：University of Washington，
　　2000）. Mark C. Elliott, *The Manchu Way：The Eight Banners and
　　Ethnic Identity in Late Imperial China*.

② Joanna Waley-Cohen, "The New Qing History," *Radical History Review* 88
　　（Winter，2004），pp. 193-206. 译文见董建中译：《新清史》，《清史研
　　究》，2008 年第 1 期，页 109—116。

焦虑，多以人权为理由，支持"藏独""疆独"，抨击中共的民族政策。他们有意无意地把中共政权与中国及汉人和汉文化，混为一谈，进而迁怒于汉人与汉文化为主的传统中国王朝；因此，出现批判何先生"汉化论"是中国"民族主义者"史观的论调，并不令人意外。

何先生对罗友枝的文章极为不满，两年后，强力反击，在发表罗友枝文章的同一份学报——《亚洲研究学报》上，发表《捍卫汉化——驳罗友枝之〈再观清代〉》①。首先，何先生说他的论文是宏观的，论题是多面性的，罗氏却单挑汉化这个单一主题来讨论，模糊文章的真实意义。更有甚者是罗友枝曲解何先生的论点，何先生说：他的基本观点，明明是满族创造了一个包括满、汉、蒙、回、藏和西南少数民族的多民族国家，罗友枝无视于此，在汉化和满族与非汉民族关系之间，构建一个错误的二分法。他无视于满族之所以能有效地统治人口最多、政治传统和文化最悠久的中国，就在他们成功地运用汉族传统和制度。罗友枝又主张：辽、金、元、西夏政权统治汉人与汉地，都只任用汉族官员，他们都拒绝汉化。其实，这四个政权最终都采用汉文化和制度，甚至以汉族五德终始的正统论合理化其政权。征服王朝要巩固其统治，汉化是不可避免的，这本是国际学术研究的共识，而罗友枝却全然视而不见。然后，何先生在文章中，以极大的篇幅，论述九千年以来，汉文化和汉

---

① Ping-ti Ho, "In Defense of Sinicization: A Rebuttal of Evelyn's Rawski's 'Reenvisioning the Qing'," *The Journal of Asian Studies* 57: 1 (Feb. 1998)): 123-155. 何炳棣著、张勉励译：《捍卫汉化：驳伊芙琳·罗斯基之"再观清代"（上）（下）》，《清史研究》，2000 年第 1 期、第 3 期，页 113—120、101—110。

化发展的历史的各个方面，并且讨论非汉族政权如何采用汉化政策，统治以汉族为主的中国。

何先生的文章最后以三点总结汉化：

（一）国际学界依据汉文化的内涵和成就的丰富所做的总体评价，它"比任何一个西方国家的文明都来得广博和复杂"①。

（二）汉化固有力量来自中国人的人本信仰，推己及人，在与其他民族接触时，中国人的谦逊、心胸宽广，给有思想的其他民族留下良好的印象。汉化的力量又来自汉族能虚心地、能动地借用外来的宗教、思想和物质文化，不断丰富文化的内涵。

（三）汉化是一个持续不断的进程，中国人不断引进吸收外来文化，包括今天的西方文化，并随着时代的变化调整中国传统。汉化的影响力，也由中国周边扩展到东亚和东北亚，甚至全球。何先生质疑罗友枝讨论中国历史文化，只强调那少数的民族，而放弃对占多数的汉族及其文化之关注，这样的论述怎么站得住脚？抛弃汉化因素，是无法理解清帝国统治成功原因的。

何先生对清朝重要性的研究，虽然遭到一些"新清史"学者的质疑，他们运用满文资料，发表许多新的研究论著，的确使我们能换个角度，看到一些过去的研究所看不到的事物。这些"新清史"学者不愿把清朝当作传统的中国王朝，但事实胜于雄

---

① John K. Fairbank and Denis Twichett, "General Editors' Preface," *The Cambridge History of China*, Vol. 1: *The Ch'in and Han Empires*, *221 B. C. -A. D. 220* (Cambridge and New York: Cambridge University Press, 1986), pp. v-vii.

辩，到最后他们还是不得不承认："满洲人有时也称呼自己的帝国为'中国'，即使是称呼边疆地带。"①其实，满洲的统治者热爱中国文化，他们熟读儒家经典，纯熟地运用汉文写作，诗文、书法与绘画造诣深厚，超乎一般汉人文士之上。他们早就认为自己是中国人的皇帝，如雍正皇帝所说，他们也是中国人；在清朝统治稳固后，一个多元族群组成的帝国已经形成。隆裕皇太后主导的《清帝逊位诏书》说道："总期人民安堵，海宇乂安，仍合满、汉、蒙、回、藏五族完全领土，为一大中华民国。"就是清朝多元一体的民族政策之自然结果②。

总而言之，何先生本来就主张清帝国是一个多元民族的帝国，只是以汉民族和汉文化为其主体，采用与认同占多数而优势的汉民族及其文化，是清帝国长治久安的主因。《清朝在中国历史上的重要性》的论点，整体上，至今仍然是屹立不动的。

（徐泓，南开大学历史学院讲座教授，
台湾暨南国际大学荣誉教授）

---

① 欧立德：《满文档案与新清史》，（台北）《故宫博物院学术季刊》，24：2（2006年12月），页1—15。
② 高全喜：《立宪时刻：论〈清帝逊位诏书〉》（桂林：广西师范大学出版社，2011）。

引用书目

史料与古籍

长善等修:《驻粤八旗志》,《续修四库全书》,第 859—860 册,卷 3,上海:上海古籍出版社,1997 年。

陈康祺:《郎潜纪闻·二笔》,卷 3,北京:中华书局,1984 年。

鄂尔泰等修:《八旗通志·初集》,卷 236,长春:东北师范大学出版社,1985 年。

康熙皇帝御撰、徐乾学等奉敕编注:《han gurun · dung jung šu · mergen sain de jabuha uju》,《gu we yuwan giyan bithe》,清康熙二十四年武英殿刊满文本,卷 12,台北:台北故宫博物院藏。

康熙皇帝御撰、徐乾学等奉敕编注:《sung gurun · o yang sio · tacin be huwekiyebuhe hesei bithe》,《gu we yuwan giyan bithe》，卷 45。

昆冈等修：《钦定大清会典（光绪朝）》，《续修四库全书》，第 794 册，卷 7，上海：上海古籍出版社，1997 年。

昆冈等修：《钦定大清会典事例（光绪朝）》，《续修四库全书》，第 798—814 册，卷 331、381、388、393、394、1135，上海：上海古籍出版社，1997 年。

李光地等奉敕纂：《šošohon kooli》，《han i banjibuha sing li jing i bithe》，清康熙五十四年武英殿刊满文本，台北：台北故宫博物院藏。

李光地等奉敕纂：《御纂性理精义》，景印文渊阁《四库全书》，第 719 册，台北：台湾商务印书馆，1983 年。

刘坦之：《试策法程》，清满汉合璧抄本，东京：东洋文库藏。

刘体仁：《异辞录》，卷 4，太原：山西古籍出版社，1996 年。

马祖常：《石田先生文集》，北京：中华书局，1986 年。

满文老档研究会译注：《满文老档》，东京：东洋文库，1955 年。

清高宗敕译：《钦定翻译五经四书》，景印文渊阁《四库全书》，第 185—189 册，台北：台湾商务印书馆，1983 年。

清高宗敕撰：《御批历代通鉴辑览》，台北：新兴书局，1959 年。

清高宗弘历：《大清一统志序》，《清高宗（乾隆）御制诗文全集》，第 10 册，北京：中国人民大学出版社，1993 年。

清高宗撰、刘统勋等编：《评鉴阐要》，卷 7，文渊阁《四库全书》，第 694 册，台北：台湾商务印书馆，1983 年。

清圣祖御制，张玉书、允禄等奉敕编：《圣祖仁皇帝御制文集·第三集》，景印文渊阁《四库全书》，第 1299 册，卷 20，台北：台湾商务印书馆，1983 年。

清圣祖御撰、徐乾学等奉敕编注：《御选古文渊鉴》，景印文渊阁《四库全书》，第 1417—1418 册，卷 12，台北：台湾商务印书馆，1983 年。

清世宗御制：《世宗宪皇帝御制文集》，景印文渊阁《四库全书》，第 1300 册，卷 16，台北：台湾商务印书馆，1983 年。

庆桂等编：《国朝宫史续编》，卷 100，北平：故宫博物院图书馆，1932 年。

山东师范大学历史系中国近代史研究室选编：《清实录山东史料选》，册上，济南：齐鲁书社，1984 年。

盛昱：《郁华阁遗集》，上海：上海古籍出版社，1995 年。

司马迁：《史记》，北京：中华书局，1959 年。

台北故宫博物院编：《宫中档雍正朝奏折》，第 26 辑，台北：台北故宫博物院，1980 年。

铁保等奉敕撰：《钦定八旗通志》，景印文渊阁《四库全书》，第 665 册，卷 95，台北：台湾商务印书馆，1983 年。

托津等奉敕撰：《钦定大清会典事例（嘉庆朝）》，《近代中国史料丛刊·三编》，第 65—70 辑，第 641—700 册，台北：文海出版社，1991 年。

王钟翰点校：《清史列传》，北京：中华书局，1987 年。

希元等纂修：《荆州驻防八旗志》，《续修四库全书》，第 859 册，卷 7，上海：上海古籍出版社，1997 年。

伊桑阿等纂修：《大清会典（康熙朝）》，《近代中国史料丛刊·三编》，第 72—73 辑，第 711—730 册，台北：文海出版社，1993 年。

雍正皇帝编纂：《大义觉迷录》，卷 1，李肇翔等编：《四库禁书》，卷 7《史部》，北京：京华出版社，2001 年。

允禄等奉敕编：《世宗宪皇帝上谕八旗》，景印文渊阁《四库全书》，第 413 册，台北：台湾商务印书馆，1983 年。

允禄等奉敕编：《世宗宪皇帝谕行旗务奏议》，景印文渊阁《四库全书》，台北：台湾商务印书馆，1983 年。

允禄等监修：《大清会典（雍正朝）》，《近代中国史料丛刊·三编》，第 78 辑，第 722 册，台北：文海出版社，1995 年。

允祹等奉敕撰：《钦定大清会典则例（乾隆朝）》，景印文渊阁《四库全书》，第 620 册，台北：台湾商务印书馆，1983 年。

恽毓鼎著、史晓风整理：《恽毓鼎澄斋日记》，第 2 册，杭州：浙江古籍出版社，2004 年。

张大昌辑：《杭州八旗驻防营志略》，《续修四库全书》，第 859 册，卷 17，上海：上海古籍出版社，1997 年。

张岱：《嬺嬛文集》，北京：故宫出版社，2012 年。

赵尔巽等：《清史稿》，卷 110，北京：中华书局，1977 年。

赵翼：《檐曝杂记》，卷 1，北京：中华书局，1982 年。

中国第一历史档案馆、中国社会科学院历史研究所译注：《满文老档》，北京：中华书局，1990 年。

中国第一历史档案馆编：《嘉庆道光两朝上谕档》，桂林：广西师范大学出版社，2000 年。

中国第一历史档案馆编：《乾隆朝上谕档》，北京：档案出版社，1998 年。

中国第一历史档案馆编：《乾隆帝起居注》，桂林：广西师范大学出版社，2002 年。

中国第一历史档案馆编：《清初内国史院满文档案译编》，北京：光明日报出版社，1989 年。

中国第一历史档案馆编：《咸丰同治两朝上谕档》，桂林：广西师范大学出版社，1998 年。

中国第一历史档案馆编：《雍正朝起居注册》，北京：中华书局，1993 年。

中国第一历史档案馆摄制：《乾隆十三年会试录》，《清代谱牒档案·缩影资料·内阁会试题名录》，北京：中国第一历史档案馆技术部，1983 年。

中国第一历史档案馆整理：《康熙起居注》，北京：中华书局，1984 年。

宗室盛昱、杨钟羲同辑：《八旗文经》，《中华文史丛书》，第 11 辑，第 90 册，台北：华文书局，1969 年。

《初次考试翻译秀才题》，《翻译考试题》，清刻本，东京：东洋文库藏，页 11 上—11 下。

《道光乙巳恩科八旗翻译会试题目》，《内阁大库档案资料库》，登录号：106051-001，台北：中研院历史语言研究所藏。

《钦命癸巳恩科广东驻防满洲翻译乡试题》，《清代宫中档奏折及军机处折件资料库》，文献编号：408018553，光绪十九年，台北：台北故宫博物院藏。

《代办监临福建学政王锡蕃·钦命癸巳恩科福建驻防满洲

翻译乡试题》,《清代宫中档奏折及军机处折件资料库》,文献编号:408018556,台北:台北故宫博物院藏。

《代办监临福建学政王锡蕃·钦命癸巳恩科福建驻防满洲翻译乡试题·试题一则(满文折)》,《清代宫中档奏折及军机处折件资料库》,文献编号:408018556-1,光绪十九年,台北:台北故宫博物院藏。

《钦命癸巳恩科湖北驻防满洲翻译乡试题》,《清代宫中档奏折及军机处折件资料库》,文献编号:408018557,光绪十九年,台北:台北故宫博物院藏。

《头品顶戴四川总督刘秉璋·钦命癸巳恩科四川驻防满洲翻译乡试题》,《清代宫中档奏折及军机处折件资料库》,文献编号:408018558,光绪十九年,台北:台北故宫博物院藏。

《清实录·满洲实录》,北京:中华书局,1986年。

《清实录·太祖高皇帝实录》,北京:中华书局,1986年。

《清实录·太宗文皇帝实录》,北京:中华书局,1985年。

《清实录·世祖章皇帝实录(二)》,北京:中华书局,1985年。

《清实录·圣祖仁皇帝实录(一)(二)》,北京:中华书局,1985年。

《清实录·世宗宪皇帝实录(一)(二)》,北京:中华书局,1985年。

《清实录·高宗纯皇帝实录(一)(二)(三)(四)》,北京:中华书局,1985年。

《清实录·高宗纯皇帝实录(五)(六)(七)(八)(十)(十二)(十三)(十五)(十六)(十八)》,北京:中华书局,

1986 年。

《清实录·仁宗睿皇帝实录（二）》，北京：中华书局，1986 年。

《清实录·宣宗成皇帝实录（五）》，北京：中华书局，1986 年。

《清实录·穆宗毅皇帝实录（一）》，北京：中华书局，1986 年。

《清实录·德宗景皇帝实录（一）》，北京：中华书局，1986 年。

《御制诗初集》，景印文渊阁《四库全书》，台北：台湾商务印书馆，1988 年。

《御制诗二集》，景印文渊阁《四库全书》，台北：台湾商务印书馆，1988 年。

《御制诗三集》，景印文渊阁《四库全书》，台北：台湾商务印书馆，1988 年。

《御制诗四集》，景印文渊阁《四库全书》，台北：台湾商务印书馆，1988 年。

《御制诗五集》，景印文渊阁《四库全书》，台北：台湾商务印书馆，1988 年。

《御制诗余集》，景印文渊阁《四库全书》，台北：台湾商务印书馆，1988 年。

《御制文初集》，景印文渊阁《四库全书》，台北：台湾商务印书馆，1988 年。

《御制乐善堂全集定本》，景印文渊阁《四库全书》，台北：台湾商务印书馆，1988 年。

近人专著

《民族问题丛书五种》辽宁省编辑委员会编：《满族社会历史调查》，沈阳：辽宁人民出版社，1985 年。

H. П. 沙斯季娜著、北京师范大学外语系七三级工农兵学员、教师译：《十七世纪俄蒙通使关系》，北京：商务印书馆，1977 年。

巴菲尔德著、袁剑译：《危险的边疆：游牧帝国与中国》，南京：江苏人民出版社，2011 年。

陈文石：《明清政治社会史论》，册下，台北：台湾学生书局，1991 年。

陈衍：《石遗室诗话》，卷 7，台北：台湾商务印书馆，1961 年。

陈垣撰、陈智超编：《陈垣早年文集》，台北：中研院中国文哲研究所中国文哲专刊，1992 年。

定宜庄：《清代八旗驻防研究》，沈阳：辽宁民族出版社，2003 年。

定宜庄、郭松义、李中清、康文林：《辽东移民中的旗人社会：历史文献、人口统计与田野调查》，上海：上海社会科学院出版社，2004 年。

杜家骥：《八旗与清朝政治论稿》，北京：人民出版社，2008 年。

厄内斯特·盖尔纳著、韩红译：《民族与民族主义》，北京：中央编译出版社，2002 年。

费孝通等著：《中华民族多元一体格局》，北京：中央民族学院出版社，1989 年。

冯尔康：《雍正帝》，台北：联经出版事业公司，2009 年。

傅斯年：《傅斯年选集》，天津：天津人民出版社，1996 年。

高全喜：《立宪时刻：论〈清帝逊位诏书〉》，桂林：广西师范大学出版社，2011 年。

葛兆光：《宅兹中国：重建有关"中国"的历史论述》，北京：中华书局，2011 年。

何冠彪：《明清人物与著述》，台北：台湾商务印书馆，1996 年。

胡秋原：《丁零·突厥·回纥：其起源，其兴衰，其西迁及其文化史意义》，台北：世界文化出版社，1961 年。

黄宽重主编：《基调与变奏：七至二十世纪的中国（三）》，台北：台湾政治大学历史学系，2008 年。

李绂：《穆堂别稿》，《续修四库全书》，第 1422 册，上海：上海古籍出版社，1995 年。

李光涛：《明清档案论文集》，台北：联经出版事业公司，1986 年。

梁启超：《饮冰室合集》，北京：中华书局，1989 年。

梁启超：《饮冰室文集》，第 34 册，上海：中华书局，1926 年。

林幹：《突厥史》，呼和浩特：内蒙古人民出版社，1988 年。

林幹：《匈奴史》，呼和浩特：内蒙古人民出版社，

1979 年。

刘凤云、董建中、刘文鹏编：《清代政治与国家认同》，北京：社会科学文献出版社，2012 年。

刘凤云、刘文鹏编：《清朝的国家认同："新清史"研究与争鸣》，北京：中国人民大学出版社，2010 年。

刘师培：《清儒得失论：刘师培论学杂稿》，北京：中国人民大学出版社，2004 年。

罗友枝著、周卫平译：《清代宫廷社会史》，北京：中国人民大学出版社，2009 年。

孟森：《明清史论著集刊》，台北：世界书局，1965 年。

孟森：《清代史》，台北：正中书局，1960 年。

钱锺书：《钱锺书手稿集·中文笔记》，第 2 册，北京：商务印书馆，2011 年。

乔治忠：《中国官方史学与私家史学》，北京：北京图书馆出版社，2008 年。

孙静：《"满洲"民族共同体形成的历程》，沈阳：辽宁人民出版社，2008 年。

孙中山著、王晓波编：《孙中山选集》，台北：帕米尔书店，1984 年。

陶晋生：《女真史论》，台北：食货出版社，1981 年；稻乡出版社，2003 年。

滕绍箴：《清代八旗子弟》，北京：中国华侨出版社，1989 年。

田晓岫：《中华民族发展史》，北京：华夏出版社，2001 年。

汪荣祖：《章太炎散论》，北京：中华书局，2008 年。

汪荣祖、林冠群主编：《胡人汉化与汉人胡化》，嘉义：中正大学台湾人文研究中心，2006年。

王会昌：《中国文化地理》，武汉：华中师范大学出版社，1992年。

王明珂：《华夏边缘：历史记忆与族群认同》，台北：允晨文化出版社，1997年。

王钟翰：《清史杂考》，北京：人民出版社，1957年。

王钟翰：《王钟翰清史论集》，北京：中华书局，2004年。

吴启讷：《新疆：民族认同、国际竞争与中国革命，1944—1949》，台北：台湾大学博士论文，2006年。

萧公权：《中国政治思想史》，台北：中国文化大学出版部，1980年。

萧启庆：《内北国而外中国：蒙元史研究》，北京：中华书局，2007年。

萧启庆：《元朝史新论》，台北：允晨文化出版社，1999年。

萧启庆：《元代史新探》，台北：新文丰出版社，1983年。

杨念群：《何处是"江南"？清朝正统观的确立与士林精神世界的变异》，北京：三联书店，2010年。

杨念群主编：《新史学》，第5卷，北京：中华书局，2011年。

姚从吾编著：《东北史论丛》，上册，台北：正中书局，1959年。

叶高树：《清朝前期的文化政策》，台北：稻乡出版社，2002年。

伊·温科夫斯基著、尼·维谢洛夫斯基编、宋嗣喜译：《十八世纪俄国炮兵大尉新疆见闻录》，哈尔滨：黑龙江教育出版社，1999 年。

尹达：《新石器时代》，北京：三联书店，1955 年、1979 年。

张博泉 等：《金史论稿》，长春：吉林文史出版社，1986 年。

张杰：《满族要论》，北京：中国社会科学出版社，2007 年。

张正明：《楚文化史》，上海：上海人民出版社，1987 年。

章太炎：《章太炎全集》，第 3 册、第 4 册，上海：上海人民出版社，1984 年、1985 年。

中共中央马恩列斯著作编译局编译：《马克思恩格斯全集》，卷 27，北京：人民出版社，1975 年。

中国社会科学院历史研究所、宋辽金元史研究室编：《宋辽金史论丛》，第 2 辑，北京：中华书局，1991 年。

周远廉：《清帝列传·顺治帝》，长春：吉林文史出版社，1993 年。

朱谦之：《文化哲学》，北京：商务印书馆，1990 年。

邹容：《革命军》，上海：大同书局，1903 年。

论　文

爱新觉罗·瀛生：《谈谈清代的满语教学》，载《满族研究》，1990 年第 3 期（沈阳），页 43—49。

安双成：《清代养育兵的初建》，载《历史档案》，1991 年第 4 期（北京），页 87—89。

常建华：《国家认同：清史研究的新视角》，载《清史研究》，2010 年第 4 期（北京），页 1—17。

陈文石：《清代满人政治参与》，载陈文石：《明清政治社会史论》（台北：台湾学生书局，1991 年），下册，页 651—754。

陈垣：《释汉》，载《陈垣早年文集》（台北：中研院中国文哲研究所中国文哲专刊，1992 年），页 1—3。

成崇德：《清朝与中亚"藩属"的关系》，载《民族史研究》，第 3 辑（北京：民族出版社，2002 年），页 318—328。

迟云飞：《清末最后十年的平满汉畛域问题》，载《近代史研究》，2011 年第 5 期（北京），页 21—44。

邓丽兰：《种族政治压力下的政治现代性诉求——从〈大同报〉看满族留日学生的政治认同》，载《华中科技大学学报》（社会科学版），2011 年第 6 期（武汉），页 82—89。

定宜庄、胡鸿保：《被译介的"新清史"——以"族"为中心的讨论》，载《清代政治与国家认同》（北京：社会科学文献出版社，2012 年），页 145—155。

费孝通：《中华民族的多元一体格局》，载费孝通等：《中华民族多元一体格局》（北京：中央民族学院出版社，1989 年），页 1—36。

冯明珠：《红票：一封康熙皇帝寄给罗马教宗的信》，载（台北）《故宫文物月刊》，第 344 期（台北，2011 年 11 月），页 20—31。

傅斯年：《夷夏东西说》，载《傅斯年选集》（天津：天津人民出版社，1996 年），页 247—292。

郭成康：《清朝皇帝的中国观》，载《清史研究》，2005 年第 4 期（北京），页 1—18。

郭成康：《也谈满族汉化》，载《清史研究》，2000 年第 2 期

（北京），页24—35。

　　韩晓洁：《清代满人入仕及迁转途径考》，载《满族研究》，2009年第4期（沈阳），页61—66。

　　何炳棣：《捍卫汉化——驳罗友枝之〈再观清代〉》，载刘凤云、刘云鹏编：《清朝的国家认同："新清史"研究与争鸣》（北京：中国人民大学出版社，2010年），页19—52。

　　何炳棣：《华夏人本主义文化：渊源、特征及意义》，载《二十一世纪》，第33、34期（香港，1996年2月、4月），页91—101、88—101。

　　何炳棣著、陈秋坤译：《清代在中国史上的重要性》，载《史绎》，第5期（台北，1968年），页60—67。

　　何冠彪：《论清高宗之重修辽、金、元三史》，载《明清人物与著述》（台北：台湾商务印书馆，1996年），页215—240。

　　黄节：《黄史·种族书第一》，载《国粹学报》，第1期（上海，1905年），页4。

　　黄进兴：《清初政权意识形态之探究：政治化的"道统观"》，载《中研院历史语言研究所集刊》，第58本第1分（台北，1987年3月），页105—131。

　　黄兴涛：《清代满人的"中国认同"》，载《清史研究》，2011年第1期（北京），页1—12。

　　稽穆（Martin Gimm）：《满洲文学述略》，载阎崇年主编：《满学研究》，第1辑（长春：吉林文史出版社，1992年），页195—208。

　　李爱勇：《新清史与"中华帝国"问题——又一次冲击与反应?》，载《史学月刊》，2012年第4期（郑州），页106—118。

　　李光涛：《清太宗与〈三国演义〉》，载李光涛：《明清档案论文集》(台北：联经出版事业公司，1986 年)，页 441—456。

李龙：《另类视野中的满与汉——以满族留日学生为中心的考察》，载《钦州学院学报》，2007 年第 4 期(钦州)，页 112—116。

刘大先：《制造英雄：民国旗人对于清初历史的一种想象——论穆儒丐小说〈福昭创业记〉》，载《满族研究》，2011 年第 2 期(沈阳)，页 96—102。

刘凤云：《政治史研究的新视野："清代政治与国家认同"国际学术会议研讨综述》，载《清史研究》，2011 年第 2 期(北京)，页 145—156。

刘文鹏：《从内亚到江南——评张勉治〈马背上的王朝〉》，载《清朝的国家认同："新清史"研究与争鸣》，页 354—376。

刘文鹏：《清朝的满族特色——对近期清代政治史研究动态的思考》，载《清史研究》，2009 年第 4 期(北京)，页 132—138。

刘小萌：《清朝史中的八旗研究》，载《清史研究》，2010 年第 2 期(北京)，页 1—6。

欧立德(Mark C. Elliott)著、李仁渊译：《满文档案与新清史》，载(台北)《故宫博物院学术季刊》，第 24 卷第 2 期(台北，2006 年 12 月)，页 1—18。

欧立德：《关于"新清史"的几个问题》，载《清代政治与国家认同》，页 3—15。

欧立德著、华立译：《清代满洲人的民族主体意识与满洲人的中国统治》，载《清史研究》，2002 年第 4 期(北京)，页 86—93。

钱穆：《宋以下中国文化之趋势》，载《思想与时代》，第 31 期（遵义，1944 年），页 18—51。

沈松侨：《近代中国民族主义的发展：兼论民族主义的两个问题》，载《政治社会哲学评论》，2002 年第 3 期（台北），页 49—119。

沈松侨：《我以我血荐轩辕——黄帝神话与晚清的国族建构》，载《台湾社会研究季刊》，第 28 卷（台北，1997 年），页 1—77。

盛韵：《欧立德谈满文与满族认同》，载《上海书评》（上海，2013 年 6 月 2 日），页 2—3。

司徒琳：《世界史及清初中国的内亚因素——美国学术界的一些观点和问题》，载《清朝的国家认同："新清史"研究与争鸣》，页 323—333。

宋德金：《金代女真的汉化、封建化与汉族士人的历史作用》，载《宋辽金史论丛》，第 2 辑（北京：中华书局，1991 年），页 315—325。

孙静、李世举：《〈大同报〉与晚清满汉融合思想》，载《新闻爱好者》，2010 年第 19 期（郑州），页 80—81。

汪荣祖：《章太炎排满缘起》，载《章太炎散论》（北京：中华书局，2008 年），页 45—48。

王成勉：《没有交集的对话——论近年来学界对"满族汉化"之争议》，载汪荣祖、林冠群主编：《胡人汉化与汉人胡化》（嘉义：中正大学台湾人文研究中心，2006 年），第 57—81 页。

王开玺：《晚清的满汉官僚与满汉民族意识》，中华文史网，2009 年 11 月 13 日。

王开玺:《晚清满汉官僚与满汉民族意识简论》,载《社会科学辑刊》,2006 年第 6 期(沈阳),页 168—174。

王钟翰:《关于满族形成中的几个问题》,载《社会科学战线》,1981 年第 1 期(长春),页 129—136。

王钟翰:《满族在努尔哈齐时代的社会经济形态》,载《清史杂考》(北京:人民出版社,1957 年),页 1—39。

王钟翰:《清代八旗中的满汉民族成分问题》,载《王钟翰清史论集》(北京:中华书局,2004 年),页 141—180。

卫周安:《"新清史"》,载《清朝的国家认同:"新清史"研究与争鸣》,页 394—406。

卫周安著、董建中译:《新清史》,载《清史研究》,2008 年第 1 期(北京),页 109—116。

萧启庆:《蒙元时代高昌偰氏的仕宦与汉化》,载《元朝史新论》(台北:允晨文化出版社,1999 年),页 243—297。

杨奎松:《从珍宝岛事件到缓和对美关系》,载《党史研究资料》,1997 年第 12 期(北京),页 5—20。

杨念群:《超越"汉化论"与"满洲特性论":清史研究能否走出第三条道路?》,载《中国人民大学学报》,2011 年第 2 期(北京),页 116—124。

杨念群:《重估"大一统"历史观与清代政治史研究的突破》,载《清史研究》,2010 年第 2 期(北京),页 11—13。

姚从吾:《国史扩大绵延的一个看法》(代序),载姚从吾编著:《东北史论丛》,上册(台北:正中书局,1959 年),页 1—26。

叶高树:《满洲君主塑造政权认同的论述》,载黄宽重主编：《基调与变奏：七至二十世纪的中国（三）》（台北：台湾政治大学历史学系，2008 年），页 267—292。

叶高树：《清朝的旗学与旗人的翻译教育》，载《台湾师大历史学报》，第 48 期（台北，2012 年 12 月），页 71—154。

张勉励：《再观清代在中国历史上的重要性——介绍一篇西方研究清史问题的论文》，载《清史研究》，1999 年第 2 期（北京），页 113—117、124。

章太炎：《訄书（重订本）·客帝匡谬》，载《章太炎全集》（上海：上海人民出版社，1984 年），第 3 册，页 116—120。

外文书目

矢野仁一：《近代支那论》，东京：弘文堂书房，1923 年。

Alba, Richard and Victor Nee, "Re-thinking Assimilation Theory for a New Era of Immigration," in *International Migration Review*, Vol. 31, No. 4 (1997), pp. 826-874.

Barfield, Thomas, *The Dictionary of Anthropology*, Cambridge, Mass.: Blackwell Publishers, 1997.

Bartlett, Beatrice S., *Monarchs and Ministers: The Grand Council in Mid-Ch'ing China, 1723-1820*, Berkeley: University of California Press, 1991.

Bol, Peter, "Seeking Common Ground: Han Literati under Jurchen Rule," in *Harvard Journal of Asiatic Studies* 47, No. 2 (1987), pp. 461-538.

Chang, Michael, *A Court on Horseback: Imperial Touring*

and the Construction of Qing Rule, 1680-1785, Cambridge, Mass.：Harvard University Asian Center, 2007.

Cosmo, Nicola Di, "State Formation," in Thomas J. Barfield, *The Perilous Frontier：Nomadic Empires and China*, Cambridge, Mass.：Basil Blackwell, 1989.

Crossely, Pamela K., "Thinking about Ethnicity in Early Modern China," in *Late Imperial China*, 11, No. 1 (1990).

Crossley, Pamela Kyle and Evelyn S. Rawski, "A Profile of the Manchu Language in Ch'ing History," in *Harvard Journal of Asiatic Studies*, 53. 1 (June 1993), pp. 63-102.

Crossley, Pamela Kyle, *A Translucent Mirror：History and Identity in Qing Imperial Ideology*, Berkeley：University of California Press, 1999.

Crossley, Pamela Kyle, *Orphan Warriors：Three Manchu Generations and the End of the Qing World*, Princeton：Princeton University Press, 1990.

Crossley, Pamela Kyle, *The Manchus*, Oxford：Blackwell, 1997.

Elliot, Mark C., *Emperor Qianlong：Son of Heaven, Man of the World*, New York：Longman, 2009.

Elliott, Mark C., *The Manchu Way：The Eight Banners and Ethnic Identity in Late Imperial China*, Stanford：Stanford University Press, 2001.

Elliott, Mark C., "Manchu-Language Archives and the New Qing History," 收入《文献足征——第二届清代档案国际学术研讨会会议论文集(上)》，台北：台北故宫博物院，2005 年，页

19—40。

Fairbank, John K. and Denis Twichett, "General Editors' Preface," in *The Cambridge History of China*, Vol. 1: *The Ch'in and Han Empires, 221 B. C. -A. D. 220*, Cambridge and New York: Cambridge University Press, 1986, pp. v-vii.

Fletcher, Joseph, "Ch'ing Inner Asia c. 1800 and the Heyday of the Ch'ing Order in Mongolia, Sinkiang and Tibet," in *The Cambridge History of China*, Vol. 10, Part 1, Edited by John K. Fairbank, Cambridge: Cambridge University Press, 1978.

Gernet, Jacques, *A History of Chinese Civilization*, Cambridge: Cambridge University Press, 1982.

Guy, Kent, "Who were the Manchus? A Review Essay," in *The Journal of Asian Studies*, 61: 1(February 2002), pp. 151-164.

Ho, Ping-ti, *The Cradle of the East : An Inquiry into the Indigenous Origins of Techniques and Ideas of Neolithic and Early Historic China*, Hong Kong: the Chinese University Press, 1975.

Ho, Ping-ti, "In Defense of Sinicization: A Rebuttal of Evelyn Rawski's 'Reenvisioning the Qing'," in *The Journal of Asian Studies*, Vol. 57, No. 1(Feb. 1998), pp. 123-155.

Ho, Ping-ti, "Salient Aspects of China's Heritage," in Ping-ti Ho & Tang Tsou, eds., *China in Crisis*, Chicago: The University of Chicago Press, 1968, Vol. 1: China's Heritage and the Communist Political System, pp. 1-92.

Ho, Ping-ti, "The Significance of the Ch'ing Period in Chinese History," in *The Journal of Asian Studies*, Vol. 26, No. 2 (1967), pp. 189-195.

Lattimore, Owen, *Inner Asian Frontiers of China*, Boston: Beacon Press, 1951.

Levinson, David and Melvin Ember, eds., *Encyclopedia of Cultural Anthropology*, New York: American Reference Publishing Company, 1996.

Millward, James A., *Beyond the Pass : Economy, Ethnicity, and Empire in Qing Central Asia, 1759-1864*, Stanford: Stanford University Press, 1998.

Parker, Robert E., "Human Migration and the Marginal Man," in Wener Sollers, ed., *Theories of Ethnicity : A Classical Reader*, New York: Macmillan Press, 1996, pp. 163-164.

Perdue, Peter C., *China Marches West : The Qing Conquest of Central Eurasia*, Cambridge, Mass. : Harvard University Press, 2005.

Rawski, Evelyn S., *The Last Emperors : A Social History of Qing Imperial Institutions*, Berkeley: University of California Press, 1998.

Rawski, Evelyn S., "Presidential Address: Reenvisioning the Qing: The Significance of the Qing Period in Chinese History," in *The Journal of Asian Studies*, 55: 4(December 1996), pp. 829-850.

Rawski, Evelyn S., "Recent Scholarly Trends in Ming-Qing History,"中国史学会编：《第 1 回中国史學国際會議研究報告集：中国の歴史世界——統合のシステムと多元的發展》，东京：东京都立大学出版会，2002, pp. 118-120.

Rawski, Evelyn S., "Reenvisioning the Qing, the Significance of the Qing Period in Chinese History," in *The Journal of Asian Studies*, 55: 4(1996), p. 842.

Rawski, Evelyn S. , "Re-imagining the Qianlong Emperor: A Survey of Recent Scholarship," in *Symposium on "China and the World in the 18th Century"*, Taipei: National Palace Museum, 2002, pp. 1-12.

Rhoads, Edward J. M. , *Manchus & Han : Ethnic Relations and Political Power in Late Qing and Early Republican China , 1861-1928* , Seattle: University of Washington, 2000.

Rowe, William T. , *Saving the World : Chen Hongmou and Elite Consciousness in Eighteenth-Century China*, Stanford: Stanford University Press, 2001.

Spence, Jonathan, *Treason by the Book*, New York: Viking, 2001.

Tao, Jing-Shen, *The Jurchen in Twelfth-century China : A Study of Sinicization*, Seattle: University of Washington Press, 1976.

Vorob'ev, M. V. , "The Jurchen and the State of Chin(1975)," in Gilbert Rozman, ed. , *Soviet Studies of Pre-modern China*, Ann Arbor: Center for Chinese Studies, The University of Michigan, 1984.

Waley-Cohen, Joanna, "The New Qing History," in *Radical History Review* 88, 2004, pp. 193-206.

Wittfolgel, Karl A. and Feng Chia-Sheng, *History of Chinese Society : Liao 907-1125* , Philadelphia: American Philosophical Society, 1949.

Wong, Young-tsu, *Search for Modern Nationalism, Zhang Binglin and Revolutionary China*, Hong Kong: Oxford University

Press，1988.

Wright，Mary，*The Last Stand of Chinese Conservatism: The T'ung-chih Restoration，1862-1874*，Stanford: Stanford University Press，1962.